三丰自然式活步太极拳

沈明 著

人民体育出版社

图书在版编目（CIP）数据

三丰自然式活步太极拳/沈明著. -- 北京：人民体育出版社，2023
ISBN 978-7-5009-6301-1

Ⅰ.①三… Ⅱ.①沈… Ⅲ.①太极拳－套路(武术) Ⅳ.①G852.11

中国国家版本馆CIP数据核字(2023)第065500号

*

人民体育出版社出版发行
北京新华印刷有限公司印刷
新 华 书 店 经 销

*

880×1230　32开本　8.25印张　211千字
2023年10月第1版　2023年10月第1次印刷
印数：1—1,500册

*

ISBN 978-7-5009-6301-1
定价：52.00元

社址：北京市东城区体育馆路8号（天坛公园东门）
电话：67151482（发行部）　　邮编：100061
传真：67151483　　　　　　　邮购：67118491
网址：www.psphpress.com
（购买本社图书，如遇有缺损页可与邮购部联系）

杨明真（1917—1985年），原名杨信山，辽宁北镇医巫闾山大朝阳三清观道长，三丰自然式太极拳第23代传人。

金志强（1938—2008年），原名金福祥。三丰自然式太极拳第24代传人。

作者简介

沈明 辽宁抚顺人，汉族，1951年出生于辽宁省大石桥市黄土岭镇汤而沟村，三丰自然式太极拳第25代传人，国家一级武术教练员，全国第一代武术散打运动员，首任辽宁省抚顺市武术散打总教练，辽宁二队主教练。有多名徒弟获得全国及辽宁省散打冠军，并带领队员多次参加国际比赛，成绩优异。被推荐为海南省首任武术散打教练人选。

沈明自幼习武，习练三环炮捶、八极拳、劈挂拳等各种套路和器械，2000年，拜三丰自然式太极拳第24代传人金志强为师，将道家太极拳技击和发力精髓融入散打训练之中，继承和发展了传统武术，并和散打、搏击进行融合统一。

1989年，沈明任抚顺市武术散打协会秘书长期间，在全国率先取消原竞赛规则中"头部不可重击和连击，不许用头、肘、膝攻击对手"的条款，受到了国家体委（现国家体育总局）高度重视，并逐渐得以采用，为散打运动走向专业化、职业化做出了贡献。沈明先后在《武当》杂志、《中华武术》杂志发表"太极拳在散打比赛中的练与用""修炼太极拳三部曲""太极高手为何上不了散打擂台赛？""浅谈'碾脚'在推手中防止'顶牛'的作用""太极拳技击三要素""三丰自然式活步太极拳的技击与养生""武当三丰自然式活步太极拳散手及实战应用""浅析习练传统太极的五个层次"等文章，成为集武术套路、武术散打、太极拳理论与实践为一身的武术名家。

  沈明1969年1月入伍，1969年3月到5月参加了在黑龙江中苏边境"珍宝岛自卫反击战"，并荣立三等战功。

  2021年，在建党100年之际，荣获中共中央颁发的"光荣在党50年"纪念章。

自 序

我少年习武，酷爱武术，至今已过"从心所欲"之年，仍痴心不改。虽然我年轻时在武术套路和武术散打方面小有建树，但是在太极拳方面是一片空白。事事皆有缘分，在我"知天命"之年，有幸结识道家三丰自然式太极拳第24代传人金志强师父，并看到此拳流传有序、古朴自然。不但有太极十三式，更多的是擒拿格斗组合动作，完整地保留了太极拳原始风貌。特别是技击动作和现代武术散打搏击运动如出一辙，由此我感到中华武术的博大精深，进而拜师学艺。师父严格按照道家传统方式传授此拳功法、拳架以及推手、散手要领，以此为基础，我将散打搏击的要素与传统武术、健身养生相融合形成了一套特色鲜明的训练方法，探索出了一条新路，并取得了事半功倍的效果。

1980年，我向国家体委提出要搞"武术散打"运动的倡义，据我所知，根据体信办80年1355号回信，我是提出在中国武术运动中加入"武术散打"项目的第一人。

道家三丰自然式太极拳健身作用十分明显。比如深、长、细、匀的呼吸方法使血液中的含氧量增加，降低了能量消耗；收气、养气蓄而不发的意念，使正气充足，推动和促进了血液循环；以意用气、导气，打通了经络，消除了病灶，提高了免疫功能；翻转起伏和独立平衡的动作，锻炼了骨骼、韧带和肌肉。这些都起到了预防疾病、强身健体的作用。

　　道家三丰自然式太极拳静可健身、动可防身，是中华武术的瑰宝。在这些年的习练中，我积累了不少经验，现特将这些感悟和体会编著成书，并根据师爷口授的拳谱，经我认真归纳和整理定为《三丰自然式活步太极拳》，共109式，希望能为广大武术爱好者提供参考，同时为道家三丰自然式太极拳的传承和发扬尽一份微薄之力，不辜负先师对我的嘱托。

沈明
2022年于北京

前 言

三丰自然式太极拳包括定步和活步两种练法，是道家三丰自然派的当家拳术，是道家"以拳求道、以拳护道、以拳演道、内丹筑基"的主要功法之一。作为太极拳的一个派别，与其他各式太极拳有许多相似之处，但此拳独具特点，可以颠覆人们对太极拳的认知，特别是在技击和养生方面有着与众不同的个性和特点。此拳非彼拳，所以长期以来一直隐传于道家秘传人士之中，很少外传。

中华人民共和国成立后，辽宁北镇医巫闾山大朝阳三清观杨明真道长（三丰自然式太极拳第23代传人）还俗后，为防止道家武术失传，不辞辛苦，多方寻徒授拳，三丰自然式太极拳才得以传入民间。

杨明真（1917—1985年），原名杨信山，道号广源子，原籍辽宁省辽阳市兰家镇巴家岗子村，少年和青年时代一直在家乡上学和务农，同时习练家传武术——形意拳，1941年在奉天（沈阳）打工时，因打伤日本工头，出家辽宁省北镇医巫闾山，入道躲避灾难。杨明真不仅有过目不忘的天赋和家传武术的基础，而且又勤奋好学，深受道长刘妙元（外号刘神仙，三丰自然式太极拳第22代传人）的赏识，并将秘不外传的道家三丰自然式太极拳等武当拳术传于他。在师父刘妙元和师爷刘李新精心调教下，杨道长终成一代宗师。且不负师望，培养出了曾任武当山道教内部武术总教练的郭高一和素有北方大侠之称的刘焕军。

1966年开始，杨明真道长为避免道家武术失传，常年往返于辽阳与抚顺两个城市，将三丰自然式太极拳传授于抚顺市金志强、吴庆春、潘汉桥和辽阳老家的儿子杨鸿钧等人。

目　录

第一章　三丰自然式活步太极拳基本知识介绍 / 1
　　第一节　三丰自然式活步太极拳拳架介绍 / 2
　　第二节　三丰自然式活步太极拳基本动作及方法介绍 / 4
　　第三节　三丰自然式活步太极拳基础训练及方法介绍 / 18

第二章　三丰自然式活步太极拳109式 / 43
　　第一节　三丰自然式活步太极拳109式动作图解说明 / 44
　　第二节　三丰自然式活步太极拳109式动作名称 / 45
　　第三节　三丰自然式活步太极拳109式动作图解 / 47

第三章　三丰自然式活步太极拳推手及散手 / 225
　　第一节　太极推手 / 226
　　第二节　太极散手 / 238

附录一　推手口诀和体用口诀 / 251

附录二　三丰自然式活步太极拳109式动作路线示意图 / 255

后记 / 258

第一章

三丰自然式 活步太极拳 基本知识介绍

第一节　三丰自然式活步太极拳拳架介绍

任何武术都源自社会实践。中国道家先祖创编的太极拳，主要作用是防身自卫，同时兼顾养生和健身，所以古朴自然，呈现出原生态特点。

一、拳架自然

三丰自然式活步太极拳的拳架，既不是大架，也不是小架，而是自然架。因为对身体各部位的姿势没有刻板、复杂的要求，处处呈现"手抱球意"的自然动作，由太极球的滚球、抱球、托球、推球、转球等变化而出的太极十三式和各种技击动作，既自然又协调。同时手抱球意的膨胀、收缩、左旋、右转的意念动作，会使内气充盈，推动血液循环，防止气滞血瘀，促进身体健康，体现了道家崇尚自然、拳道合一的思想。

二、步法灵活

三丰自然式活步太极拳有两种练法，初级阶段是一步一式的定步练法。特点是简单易学，适用于初级阶段的学习（此书不再详叙），而秘传的是活步练法。所谓活步就是技击步，身体需要向前移动时，前脚向前进步，另一只脚同幅度跟进，叫作前进步；身体需要向后移动时，后脚先向后撤步，前脚同幅度回收，叫作后退步；左右环绕、左右闪躲，亦然。所以此步法既能保持距离，又能灵活机动地使用粘、连、黏、随、踢、打、摔、拿等技法。因此，防守形式的丁虚步、发力形式的弓丁步、左右转换形式的扣摆步，是此拳的典型动作。

三、动作多变

三丰自然式活步太极拳由109式、209个动作组成，其中各种拳法（直拳、摆拳、勾拳、鞭拳、板拳、撩拳等）出现50多次；各种掌法（甩掌、拍掌、劈掌、穿掌、砍掌、推掌等）出现60多次；各种擒拿（大缠丝、小缠丝、缠肘、揽手、截拿、掰拿、拧拿等）出现40多次；各种腿法（正弹踢、侧弹踢、蹬踢、踹踢、摆踢、撩踢、连踢、左右膝顶等）出现20多次。推手中的掤、捋、挤、按、採、挒、肘、靠反复多次出现。另外，即使式名相同，动作也有不同。例如，云手动作就有云手拨掌、云手穿珠、云手抹砍；单鞭动作就有单鞭推掌、单鞭穿掌、单鞭拍掌三种不同动作。其他动作也类似，复杂多变，还有翻、转、起、伏、穿、腾、跳、跃和独立平衡的动作。所以此拳内容丰富，动作多变，正常练完全套动作需要30分钟以上，有利于功力增长，这是此拳的一大特点。

第二节　三丰自然式活步太极拳基本动作及方法介绍

一、手型与手法

（一）手型

1. 拳

五指卷曲，自然握拢，拇指压于食指、中指第二指节上。

2. 掌

五指微屈分开，掌心微含，虎口成弧形。

3. 勾

五指第一节自然捏拢，屈腕。

4. 二指禅

中指、食指并拢或分开伸直，其余手指卷曲，拇指压在无名指第一节上。

要求：各种手型都要求不用力，自然伸直或卷曲，不可僵硬，腕部保持松活。

（二）手法

1. 掤

前臂由下向前掤架，成弧形横于体前，掌心向内，高与肩平,着力点在前臂外侧,或者两臂成弧形掤架在体前;掤滚:掌心向外,呈抱球状左右滚动。

2. 捋

两臂微屈,两掌手心随腰的转动,由前向后划弧将对方引拉至体侧;上捋:从上向头后方引拉;下捋:从上向脚下引拉。

3. 挤

后手贴近前手的前臂和手腕内侧,两臂同时向前挤出,高不过肩,两臂撑圆。

4. 揽手

两臂在体前平举,双手立掌分别向外侧同时转腕,直至手心向上,呈捧球状。

5. 按

两掌同时由后向前推按,臂微屈、肘部松沉,掌心向前,推时要下弧形向前推按。

6. 直拳

拳从腰间或胸前旋转向前直线打出,着力点在拳面,如迎面拳、指裆捶、双撞捶、搂膝打捶、下栽捶。

7. 勾拳

拳从侧方或下方向斜上方弧形勾打,上臂与前臂之间夹角90°左右,着力点在拳面,如双风贯耳、单风贯耳、冲天捶。

8. 撇拳

拳从胸向前撇打,高与头平,着力点在拳背,如上步撇打、

5

板打。

9. 穿拳
拳从胸前向前伸出，拳心朝上。

10. 鞭拳
拳从身体前面向后方抡打，着力点在拳背或拳轮。

11. 揉球
两掌心相对或稍错开，在体前或体侧保持抱球状，两掌撑圆，两臂呈弧形，松肩坠肘。进行推球、滚球、抱球、托球、翻球等动作。

12. 分掌
两掌在体前，同时向前后斜向分开，分掌后前手停于头前或体前，后手按于胯旁，两臂微屈呈弧形。

13. 搂掌
掌从膝前横搂，停于胯旁，掌心向下或掌从里侧向外搂出。

14. 推掌
掌从胸前向前推出，臂呈弧形，手高与肩平。

15. 穿掌
掌沿另一手臂或大腿内侧伸出，或从胸前向前穿出，力达手指尖。

16. 撑掌
掌心朝下，利用掌外沿从胸部向前推出。

17.架掌

屈臂上举,掌架于额前斜上方,掌心斜向外。

18.劈掌

掌从上向前弧形劈打,力达掌外沿。

19.甩掌

掌从身前向各个方向抽打,力达手背。

20.拍掌

掌从后向前弧形拍打,力达掌心。

21.托掌

掌心向上,从下向上抬起。

22.砍掌

掌心朝下或朝上,向前或侧方利用掌外沿摆动砍打。

23.切掌

立腕,掌心向前,掌外沿向侧面旋压,力达掌外沿。主要用于小缠丝手。

24.滚肘

前臂竖于胸前,边旋转边向外格挡或向内拨挡。

25. 缠肘

前臂竖于胸前或横于体前,肘尖划圆。主要用于擒拿和大缠丝手。

26.勾手

五指合拢成三棱椎,手腕灵活,主要用于勾拿擒敌。

要求:各种手法均要求走弧形路线,两臂做相应旋转,不可直来直往,生硬转折,身体要柔韧,形成螺旋滚球运动。关于手法和着力点,主要是说明攻防含义,练习中应重意、不重力地去体现,不可使僵劲和蛮力。

二、步型与步法

(一)步型

1. 弓步

前脚全脚掌着地,屈膝前弓,膝盖不超过前脚尖,后腿自然伸直,脚掌扒住地面,两脚跟横向距离20~30厘米。

2. 马步

两脚平行站立,脚尖向前,两脚相距二至三脚长,屈膝下蹲,膝盖不超过前脚尖。

3. 仆步

一腿全蹲,膝与脚尖外撇,另一腿向一侧伸直,脚底平铺地面,脚尖内扣。

4. 虚步

一腿半蹲,另一腿前伸,膝盖略直,脚尖点地。

5. 歇步

两腿交叉靠拢全蹲,两脚踏实着地,后脚要前脚掌着地,臀部贴近后脚跟。

6. 丁虚步
一腿半蹲，另一腿前伸，膝盖与地面垂直，脚尖点地。

7. 弓丁步
前脚全脚掌着地，屈膝前弓，膝盖不超过前脚尖，后腿屈膝，前脚掌着地。两脚跟横向距离20~30厘米。

8. 丁步
一腿屈蹲，全脚掌着地，另一腿屈收，前脚在支撑脚内侧，脚尖虚点着地。

9. 横裆步
两脚左右开立，同弓步宽。脚尖皆向前，一腿屈蹲，另一腿自然伸直。

10. 开立步
两脚平行开立，宽不过肩（小开立步间距10~20厘米），两腿直立或微屈。

要求：各种步型，都要自然稳健，虚实分明。前后两脚距离要保持合适的跨度，尽量两脚不要踩在一条线上，以利稳定重心，并减少正面身体的暴露面积。

（二）步法

1. 进步
前后站立，后脚向前一步变前脚。

2. 退步

前后站立，前脚向后一步变后脚。

3. 上步

前后站立，前脚向前迈半步；或者平行站立，一只脚向前迈步。

4. 下步

前后站立，后脚向后迈半步；或者平行站立，一只脚向后迈步。

5. 撤步

前后站立，前脚收至后脚前或者平行站立。

6. 前进步

前脚向前进半步，后脚随之跟进半步，也称前滑步（左脚在前的叫左前进步，右脚在前的叫右前进步）。

7. 后退步

后脚向后退半步，前脚随之回撤半步，也称后滑步（左脚在后的叫左后退步，右脚在后的叫右后退步）。

8. 跟步

后脚向前跟进半步。

9. 盖步

一脚经支撑脚向前侧方落。

10. 插步
一脚经支撑脚向后侧方落。

11.拧步
以两脚掌为轴或者单脚掌为轴转动变换方向。

12.闪躲步
前脚不动（前脚移动是环绕步），后脚随身体向左或右移动。

13.横跨步
前脚向外侧横跨一步，后脚随即蹬地向同方向横跨一步。

14.弓箭步
前脚向前跃一大步，后脚同时跟进。

15.拗步
后脚经前脚内侧弧形向前迈步。

要求：各种步法变换要求轻灵沉稳，意到步到，要虚实分明，进退要自然，重心要稳定，姿势和顺，膝部放松，不可僵硬。

三、腿法与眼法

（一）腿法

1. 正弹腿
支撑腿微屈站稳，另一腿屈膝提起，然后猛挺膝盖，脚背

11

绷直向前踢出，高不过腰。

2. 侧弹腿

身体侧立，一腿侧提膝盖，拧腰转胯，腿部同时旋转并猛挺膝盖，力达脚背，高可击头，低可击腿。

3. 蹬腿

支撑腿微屈站稳，另一腿屈膝提起，然后猛挺膝盖，脚尖回勾，脚跟前蹬，高过腰部。

4. 正踹腿

支撑腿微屈站稳，另一腿屈膝提起，脚尖外撇，猛挺膝盖，力达脚跟，高不过膝，也称扁踹。

5. 侧踹腿

身体侧立，一腿侧提屈膝平抬，猛挺膝盖，脚横向踹出，力达脚跟，高可踹头和胸，低可踹腿。

6. 铲腿

身体侧立，一腿侧提膝盖，脚尖回勾并内扣，随后猛挺膝盖，力达脚外沿，高不过膝。

7. 摆莲腿

支撑腿微屈站稳，另一腿从异侧踢起，经面前向外做扇形摆动，脚面可绷平，也可勾起，两手依次拍脚，击拍两响。

8. 后撩腿

支撑腿微屈站稳，另一腿向后、向上撩踢，力达脚跟后。

9. 后摆腿

身体侧立后转，另一腿乘势提腿后摆，力达脚跟，高可踢头，低可踢腿。

10. 勾腿

身体侧立，一腿脚尖勾起，由侧面向前弧形勾扫，力达脚腕，勾扫时要贴地面。

11. 膝顶腿

支撑腿微屈站稳，另一腿小腿内收，用膝顶击。正顶膝适用攻击腹部，侧顶膝适用攻击肋部，跳顶膝适合攻击胸部和头部，跳顶膝也称飞膝。

要求：各种腿法均要求支撑稳定，关节灵活，韧带柔软，双手要正确配合腿的平衡，协调发力。

（二）眼法

要求：总的要求是思想集中，精神贯注，眼到手到，神态自然，目光坚定。定势时，通过前手注视前方，尽量不眨眼。换势中，眼神与手法、身法协调配合。

四、身型与身法

（一）身型

1. 头

虚领顶劲，扣齿收领。

2. 颈

自然竖直，肌肉适度放松，保持头部能灵活摆动。

3. 肩

保持松沉，不可上耸，也不要后张或前扣。

4. 肘

沉坠、松垂、自然弯曲，不可僵直和扬肘。

5. 胸

不可挺胸，当双手在头部前方时，要自然内缩。

6. 背

舒展拔背，不可驼背。

7. 腰

松活自然，不可后弓或前挺。

8. 脊

中正竖直，不要歪扭。

9. 臀

向内收敛，不可外凸或摇摆。

10. 胯

要松，不可有意开胯，也不能有意缩胯。

11.膝

屈伸自然，不要僵直。

要求：各种身型都要中正安舒，特别是精神必须集中，要鼻腔呼吸，目视前方，以上身型要求虽多，但只要自然安舒就正确。

（二）身法

太极拳身法主要表现是整体性、柔韧性和灵活性。一动无有不动，一静无有不静，动时以腰为轴，带动上肢，使手脚呼应，做到手到脚到，移动步法要轻灵松活，要保持重心稳定，中正安舒，不可僵滞松散，东倒西歪，前俯后仰，失去灵敏性。

五、动作要领

（一）体松心静，意识引导

身体各部要充分放松，自然呼吸，避免肌肉紧张，各种动作不用拙力和僵力，防止疲劳和紧张，思想要安静集中，意念要超前引导，以达到意动身随、身心合一。

（二）上下相合，周身协调

动作要以身带手，一动全动，一停全停，完整一气，不可腰身分离、手脚不合、割裂断劲和脱节散乱，要手到脚到，手脚相应。

（三）虚实分明，圆活完整

身体要虚实分明才能灵活省力，否则双重必然顶牛。所以要及时调整重心，保持平衡，进退走弧形，不转死弯，不拐死角，处处螺旋缠绕，刚柔相济，无过不及，形成"上下一条线，两脚阴阳变，背靠一云山，双手飘飘移"的走架形态。

六、三丰自然式活步太极拳练拳要求介绍

（一）松沉

打拳时要放松，松是形式，沉是目的。松是练好太极拳的基础，通过放松，可以消除紧张，防止关节和肌肉僵硬而产生的拙力和迟滞，放松能使周身协调一致，使步法更灵活，身法更轻灵，劲力更顺达。防止松懈就要做到沉，通过沉肩坠肘、松腰落胯、气沉脚底，使身体重心下移，保持重心稳定，增加腿的力量，可以发出手脚相应、干动枝摇的太极整体力，这是初级功夫。

（二）慢柔

打拳时要慢，慢是形式，快是目的，因为天下武功唯快不破，快是在慢练中不断地纠错、不断地协调中得到的。重点是身柔，协调就能柔韧，柔韧久了就可以把五脏六腑的不随意肌变成随意肌增加内力。当整体力与内力相结合时，就可以产生极大的击打性与发放性的劲力，比如寸劲、透劲、弹抖、崩炸

等，这是中极功夫。

（三）静匀

打拳时要静，静中生无、无中生有是目的。静可以提高练拳的效率，静到一定程度，可以感知能量在体内奇妙的运动，能使静中生慧。静可专一保持匀速运动，使意、气慢慢相结合，没有匀就不能"运气如抽丝，发劲如闪电"。静可用意，匀可运气，久而久之，就会产生意到、气到的意念力，这是高级功夫。

（四）呼吸

初期要自然呼吸，渐渐变为腹式呼吸，要深、长、细、匀，以满足身体对氧的需要，进而要与动作配合；一般规律是伸手为呼，回手为吸；落手为呼，起手为吸；前实为呼，后实为吸。进入高级阶段时，可以通过穴位和毛孔进行体呼吸。

以上这四点是相互关联、缺一不可的，但是不同的阶段有不同的训练重点。只要通过由松入柔、运柔成刚的科学训练，加之用意不用力的思想理念，就会精神变物质，不但身心健康，还会产生"出手不见手"的速度、棉里裹铁的击打效果和松活弹抖、摧枯拉朽的爆发力。在实战中要想表现出这样的技能，必须进行大量的单操和喂招训练。与人交手时，运用"打迎击、引进落空、乘势借力、后发先至"等太极特有的战术，就很可能做到想怎么打就怎么打，想达到什么效果就会产生什么效果的高级打法。

第三节 三丰自然式活步太极拳基础训练及方法介绍

武术所有拳种的基础训练方法都是大同小异，其目的是通过训练，提高身体的柔韧性、灵活性和稳定性，其对应的功法是腿功、松功和桩功。三丰自然式活步太极拳，其腿功和松功训练方法与长拳完全一致，即需要压腿、踢腿、劈腿、控腿、吊腿和开肩、涮腰、活胯等基本功训练。但是，练桩功和气、力的方法与长拳有所不同，主要有静功、动功、行功三种方法，通过动静结合的综合性训练，可达到增长功力、拳架稳固、动作协调、神志专注、内外合一等目的，是练太极拳、太极推手和太极散手的基础。

一、静功训练——三级站桩功

（一）初级站桩静功——混元六式站桩功（每式站5分钟）

第一式 无极起势

口诀：无极起势法自然，肩井直对脚涌泉。
　　　默默入静呼吸势，上下牵动井与泉。
　　　此时会阴对百会，法走三线非等闲。
　　　由一到九开合处，三线上下通自然。

动作说明： 自然站立，两脚分开与肩同宽，两臂下垂，默念口诀（图1-1）。

要求： 意识收敛，精神集中，呼吸平稳，全身放松。

图1-1

第二式　抱元守一式

口诀： 抱元守一下丹田，呼吸升降任天然。
腹式吐纳内丹动，气海鼓动不费难。
前观后照更为是，丹田命门一气连。
上下同时需牵引，好似潮水轻荡然。
久久相见归一炉，下海丹田自混元。

动作说明： 两脚开立，与肩同宽，两腿屈膝下蹲，两臂捧起，合于腹前，呈抱球状，默念口诀（图1-2）。

要求： 与第一式相同。注意肩部和两臂放松。

图1-2

第三式　中宫照环式

口诀：两手抱球对中脘，环开环合法自宽。
　　　开合之趣细寻取，好似内腹缩又展。
　　　此时呼吸深长细，绵绵若存法随然。
　　　中脘带动天地气，总要归一入混元。

动作说明：身体动作与第二式相同，只是两臂掤起，合于中脘穴成抱球状，默念口诀（图1-3）。

要求：身体动作与第二式相同，注意保持抱球的高度。

图1-3

第四式　左右旋球式

口诀：左右转球肝脾间，左转到右经胸前。
　　　肩随腰转胯亦动，三环九转炼真乾。
　　　青龙白虎任腾跃，转身滚球一气全。
　　　肝脾心肺与气海，五宗会元守黄间。
　　　阴阳互补冲开窍，涌泉动处百会连。
　　　气注六阳见真空，此时不息走泥丸。

动作说明：身体动作与第三式相同，只是抱球位置在左右肝脾处变换，默念口诀（图1-4、图1-5）。

要求：左右转换时，身体重心随之转动，形成一虚一实的动作，每分钟转换1次，转换次数随意。

图1-4 　　　　　　　图1-5

第五式　六阳真宫式

口诀：上捧玄阳天门开，脚底天心水根连。
　　　上下相催莫过力，引导上下求自然。
　　　捧天照地两相顾，心气自降肾气产。
　　　九九归真真自得，心肾相交乐太玄。

动作说明：身体动作与第二式相同，只是要求两臂上举，双手在头部上方，手心向上，形成托球状，默念口诀（图1-6）。

要求：眼睛平视，气沉丹田，两臂上举，成托天撑地之势。

图1-6

第六式　背球强肾式

口诀：背球之法为背物，其物垂向走被颠。
　　　是物是人是男女，是儒是佛是真仙。
　　　有宅缘有肾气功，动动自然循周天。
　　　大小周天随运化，心肾相连达先天。

动作说明：身体动作与第二式相同，只是两臂在身后，两手心向上托球，形成背球状，默念口诀（图1-7、图1-7附图）。

要求：要有背物意念，要有轻松喜悦思想。

图1-7　　　　　　　　　　图1-7附图

（二）中级站桩静功——太极混元桩功

口诀：人身本是一太极，上阳顶天下阴地。
　　　　手抱球意混圆力，双膝不过脚尖齐。
　　　　高低桩位随自己，越低越久显功力。
　　　　眼由远视近收底，凝视摄物观心里。
　　　　含胸直背头随起，舌顶上腭数气息。
　　　　始守鼓足丹田气，呼吸没忘会阴提。
　　　　一吸一提一鼓气，气存命门关元里。
　　　　前阴后阴频缩气，随着小腿脚跟力。
　　　　涌泉双双紧抓起，后吸意气回上提。
　　　　周天关过三三里，存想气机在腰际。
　　　　如此反复数百遍，丹田涌泉发热气。
　　　　继续上提上夹脊，百会泥丸下气意。
　　　　循环往复不停息，逐日加深太极力。

动作说明：自然站立，两脚分开与肩同宽，两腿屈膝下蹲，两臂前捧，双手在胸部呈抱球状，默念口诀（图1-8）。

注：三三里为关元里、会阴里、命门里。

要求：站桩时间要循序渐进，最好站半小时以上，要中正安舒，双脚平贴地面，要排除杂念，哪里疼痛就放松哪里，坚定信念。

图1-8

（三）高级站桩静功——无极站桩功

口诀：无极桩功归自然，头顶鸡蛋一线牵。
　　　似顶非顶还要顶，背后如靠一云山。
　　　有形无物还要靠，不靠不入无极圈。
　　　三心相照空空对，虽是无物暗相连。
　　　空空荡荡原无物，物空心空方自然。
　　　无火之气暗中熄，息息相通大道含。

动作说明：两腿自然开立，两脚间距离20厘米左右，身体中正安舒，右手在内、左手在外，合于腹前，两眼微视眼前，默念口诀（图1-9）。

要求：不断调身、调息、调意，直至进入虚无状态。

图1-9

二、动功训练——六合动功

扫码看视频

六合是指上下、左右、前后6个方向都能够发出手脚相应的整体劲,动功是静功的延续(内含丹道功)。

第一式　上下格挡动功

口诀:格防头、拨护裆,竖来横挡最便当。
　　　　腰转手动整体劲,千斤力到也无妨。

动作说明:在静功完成后,两臂分别从两侧向内交叉旋转,左手顺时针,右手逆时针进行上格下拨,力达手腕和前臂,为之上下功,此式也称为反向云手。左式(图1-10~图1-12);右式(图1-13~图1-15)。左右反复各做10次以上。

要求:两臂动作与身体重心移动要保持一致,还可以把上格的手臂略抬平,形成上勾打、下拨防的动作。

图1-10　　　　　　图1-11

图1-12

图1-13

图1-14

图1-15

第二式　左右撇打动功

口诀：两侧来敌不用忙，左右撇打力量强。
　　　　脚蹬腰转拧裹劲，击打敌面最适当。

动作说明：站好马步桩，随后两臂分别向左右横摆，进行撇打，力达手背，另一只手附于肘下方，谓之左右功。左式（图1-16、图1-17）；右式（图1-18、图1-19）。左右反复各做10次以上。
要求：要单脚发力，形成鞭打之势。

图1-16

图1-17

图1-18

图1-19

第三式　前后甩打动功

口诀：从后抱腰不要慌，身体下挫第一桩。
　　　　翻身甩打崩炸劲，松手捂脸地上躺。

动作说明：站好马步桩，随后两臂同时分别由下向头后和面前甩打，左右臂交替进行，力达手背，谓之前后功。右式（图1-20、图1-21）；左式（图1-22、图1-23）。左右反复各做10次以上。

图1-20

图1-21

图1-22

图1-23

要求：蹬地挺腰要充分，目标在后面时，后手高、前手低，目标在前方时，前手高、后手低，训练时可随意交替练习。

三、行功训练——八法行功

八法为掤、捋、挤、按、採、挒、肘、靠，是太极推手中常用的8个方法，这8个动作是推手的核心技术，需要熟练掌握，以此在行进中左右变换练习（行进路线都是直线往返），也是动功的延续。

第一式　上下掤捋功

口诀：掤手两臂要圆撑，动静虚实任意功。
　　　　搭手捋开挤掌使，敌欲还招势难逞。

1. 左式

并步站立，两臂向上平举，手心向下（图1-24、图1-25）。

左脚前迈成左虚步；同时，双手向下、向身后两侧回捋，手心向下，置于两胯旁（图1-26）。

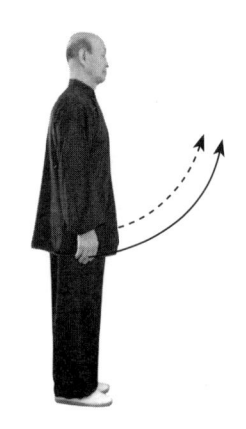

图1-24

图1-25

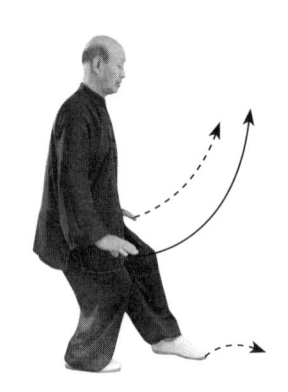

图1-26

2. 右式

左脚前进半步,两臂由下向上掤起,左腿同时蹬直站立(图1-27)。右脚前迈成右虚步;同时,双手向下、向身后两侧回捋(图1-28)。

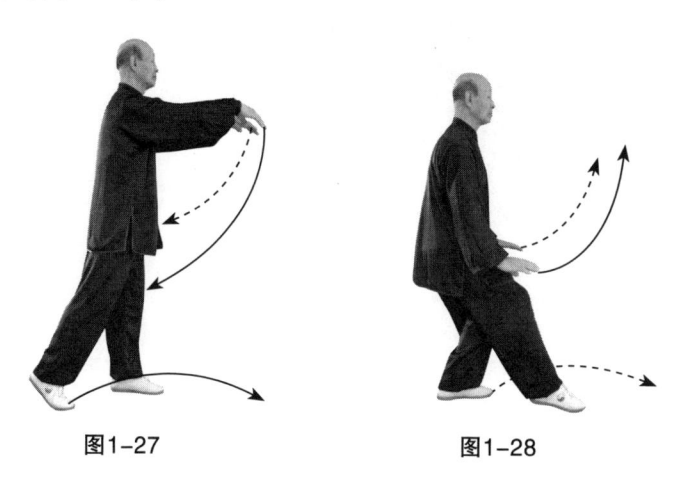

图1-27

图1-28

折返动作:前脚尖翘起向内扣,后脚尖外摆,向后转身,可根据场地大小来决定数量(图1-29~图1-31)。

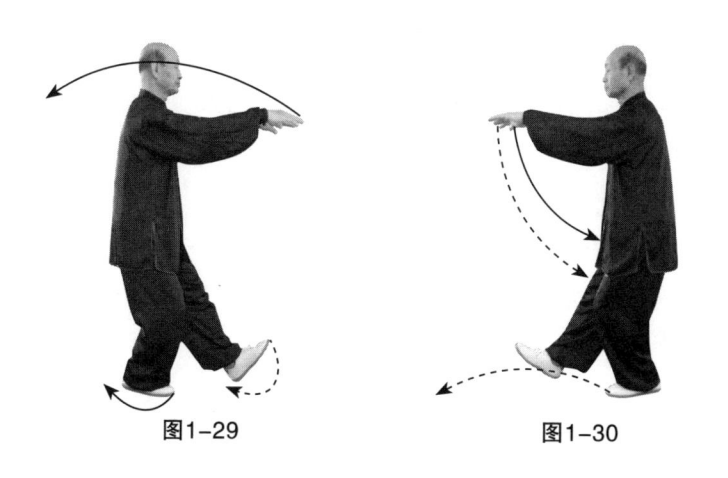

图1-29

图1-30

图1-31

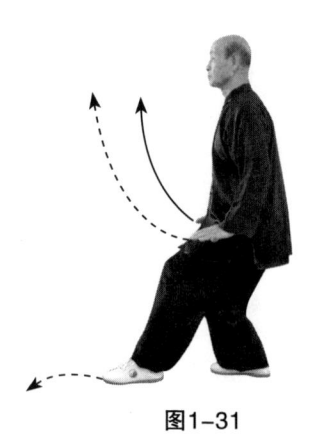

要点：向上掤时，要把对方的压力通过两臂、腰脊传导到脚底（俗称内劲）；向下捋时，要先捋，后上步成虚步。

第二式　左右挤按功

口诀：挤在手背臂要横，按在掌根实必攻。
　　　　先天顺逆随机变，方圆进退易里中。

1. 左式

接上势，向后转体后，变右丁步，双手在左胸前（左手在上、右手在下）成抱球状（图1-32、图1-33）。右脚向前迈步，成右弓步；同时，左手附在右手内侧手腕处，向前慢慢挤出，手臂保持半圆形（图1-34）；双手立掌，向下外旋，形成捧球状，称为揽手动作（图1-35）；屈肘回收至胸前，再经腹前弧形向前按出（图1-36、图1-37）。

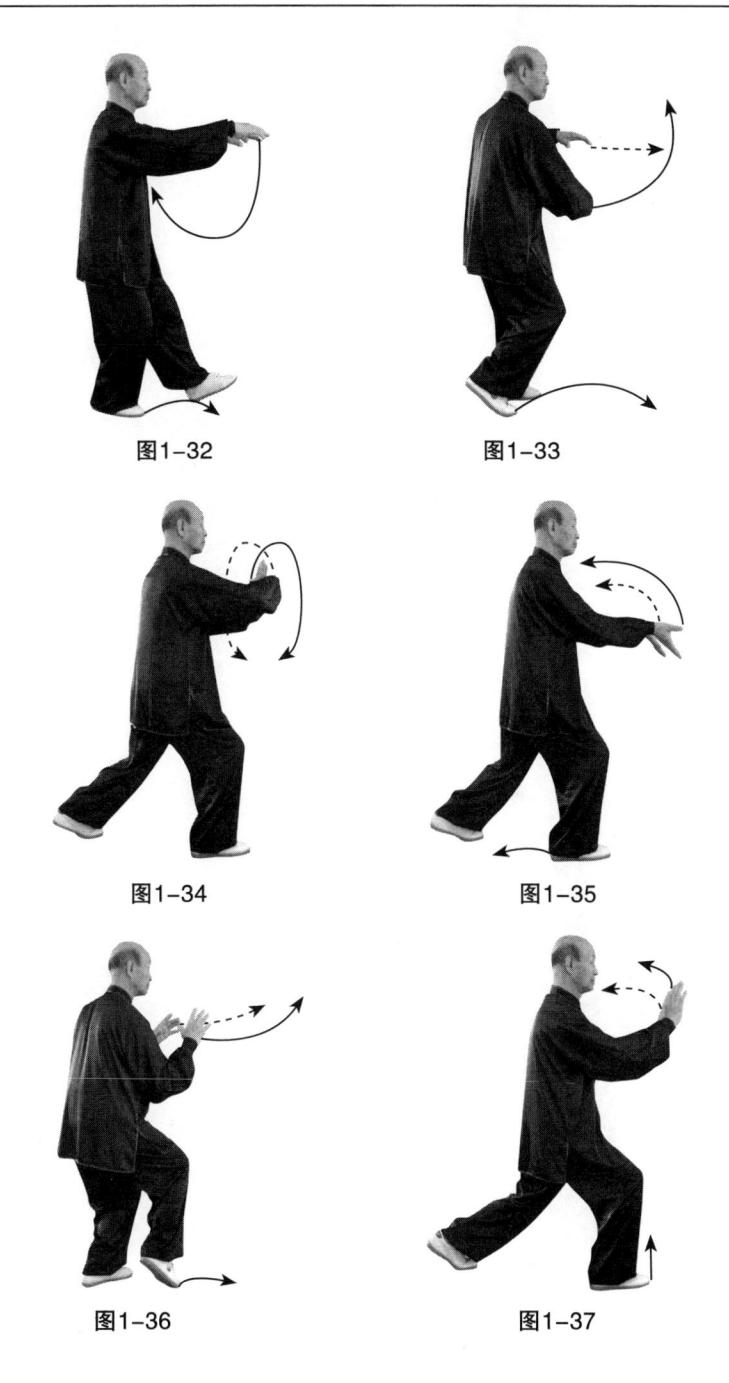

第一章　三丰自然式活步太极拳基本知识介绍

图1-32

图1-33

图1-34

图1-35

图1-36

图1-37

33

2. 右式

重心后移，右脚尖翘起，双手成捧球状向左捋；身体右转，左脚上步变左丁步；同时，双手向下划弧经腹至右胸前（右手在上，左手在下）成抱球状（图1-38、图1-39）；左脚向前迈步，成左弓步，右手附在左手内侧手腕处，向前慢慢挤出（图1-40）；双手立掌，向下外旋揽手（图1-41）；屈肘双手回收至胸前，再经腹前弧形向前按出（图1-42、图1-43）。

折返动作：与第一式相同（图1-44~图1-46）。

重复以上动作，可根据场地大小来决定数量。

图1-38

图1-39 　　　　图1-40

第一章　三丰自然式活步太极拳基本知识介绍

图1-41

图1-42

图1-43

图1-44

图1-45

图1-46

35

要点：揽手时，像打开扇子一样，形成喇叭口动作，这是揽雀尾的象形动作，其他动作都要协调一致。抱球状时两手心距离为篮球直径左右即可。

第三式　前后四隅功

口诀：闭掤要上採列法，二把得实急无援。
　　　　按定四正隅方变，肘靠攻在脚跟前。

1. 左式

接上势，转体后成左弓步，双手向前下方採按，眼看斜下方（图1-47、图1-48）；重心后移，双手向右斜后外捯，身体右转成横裆步，目视双手（图1-49）；上体右转，双手在右肋前交叉成十字手；同时，两腿向左侧横滑步，以左肩为力点向左侧靠打，目视左侧（图1-50、图1-51）；重心后移，右手附于左手

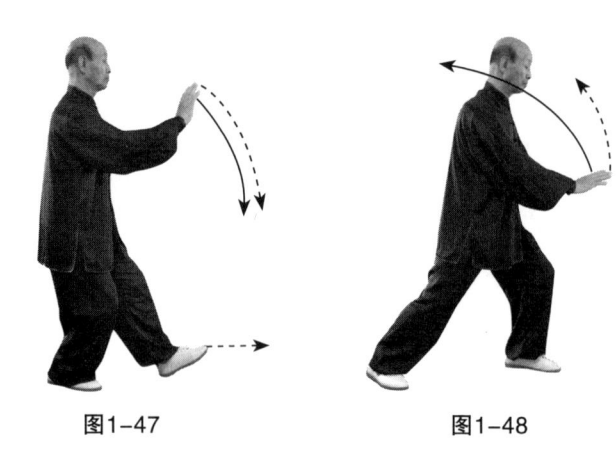

图1-47　　　　　　　　图1-48

腕，左肘顺时针划圆进行大缠丝，随后向左转体180°，两腿交叉，右肘随转体前冲（图1-52、图1-53）；随后右脚上步（也可滑步）成马步，两肘由上向下同时分开击打（图1-54）；重心左移，右脚收回成右丁步（也可不收回），同时双手由下向上在胸前交叉成十字手（图1-55）；右脚向前蹬出，同时双手向两侧推出（图1-56）；右腿回收提膝独立，再向上、向右摆踢90°后向下落步（图1-57、图1-58）。

图1-49

图1-50

图1-51

图1-52

图1-53　　　　　　　　图1-54

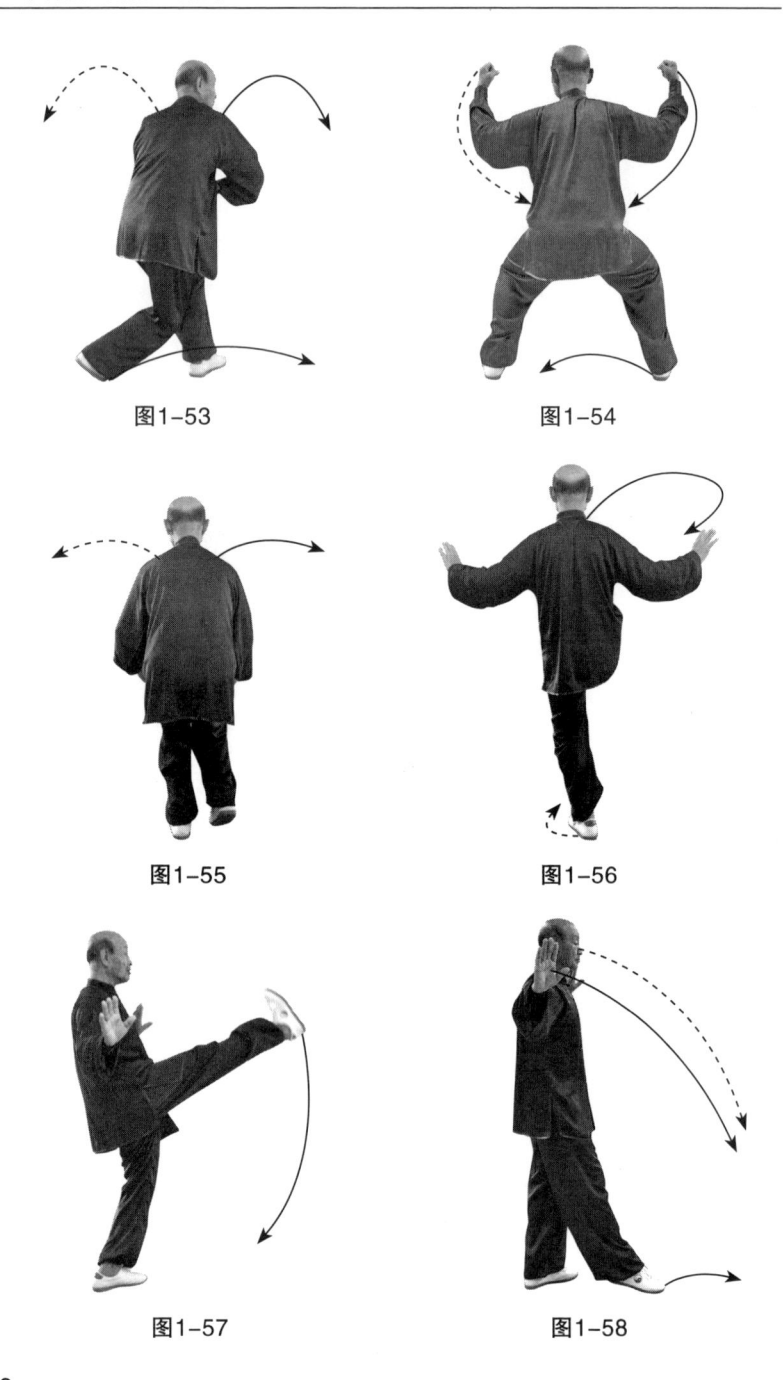

图1-55　　　　　　　　图1-56

图1-57　　　　　　　　图1-58

2. 右式

重复左式动作，唯左右相反（图1-59~图1-70）。

折返动作：与第一式相同（图1-71~图1-73）。重复以上动作。

图1-59

图1-60

图1-61

图1-62

图1-63　　　　　　　　　图1-64

图1-65　　　　　　　　　图1-66

图1-67　　　　　　　　　图1-68

第一章 三丰自然式活步太极拳基本知识介绍

图1-69

图1-70

图1-71

图1-72

图1-73

收势

前脚尖内扣,身体转向面南,双手左右分开慢慢上举至头上,手心向下,缓缓下落至两腿外侧。随后左脚向右脚靠拢,立正还原,目视前方(图1-74~图1-76)。

要点:做大缠丝动作时,左手要握住右手腕。崩打时要滑步有肩靠的意念。

注:掤、捋、挤、按为四正手;採、挒、肘、靠为四隅手。

图1-74

图1-75

图1-76

第二章

三丰自然式
活步太极拳109式

第一节　三丰自然式活步太极拳109式
动作图解说明

　　按学习和阅读惯例，三丰自然式活步太极拳109式动作图解按动作、要点、作用三个方面进行说明，而用法、呼吸、内劲意识、内气的走向就不予详述，只要经过长期训练和实践，就会不讲自明。

　　①图片中以示范者面南为正摄，其东、西、南、北、东南、西南、东北、西北都按此规定为标准。图中所标箭头，以左虚右实为准，个别动作所划箭头，因受角度、方向等限制，不能详尽到位，或文字与图片略有不同，应以文字说明为准。

　　②另外，动的方向，以人体的前后左右为依据，不论怎样转变方向，背后的方向为后，身体左侧为左，身体右侧为右，对斜度较小的动作，用偏左或偏右来说明（一般只偏20°左右）。对斜度较大的动作，都有方向说明，某些背向、侧向动作，增加了附图，少数动作因能判断出来就不加以附图，以文字说明为准。

　　③在文字说明中，凡是有"同时"二字，不论先写或后写，身体的某一部分动作都不要分开先后去做，要连贯衔接。

　　④此太极拳进退、左右滚球、左右闪躲等防守的动作都是弧形运动，而肢体进攻动作都是直线或直曲综合运动，因圆弧与曲线动作太多，在方位、幅度、距离长短上虽有大致规定，但要灵活，因人因法而定。

　　⑤此太极拳相同名字的动作，如果初始动作不同，就会在动

作说明中又重新加以文字说明，这样会出现部分重复文字现象，特此说明。

第二节 三丰自然式活步太极拳109式动作名称

第1式　太极起势

第2式　左揽雀尾

第3式　右揽雀尾

第4式　斜单鞭

第5式　回身提手

第6式　捞月亮翅

第7式　手挥琵琶

第8式　左右搂膝拗步

第9式　手挥琵琶

第10式　进步搬拦捶

第11式　如封似闭

第12式　滚球大将

第13式　上下十字手

第14式　抱虎归山

第15式　右揽雀尾

第16式　斜单鞭穿掌

第17式　三连捶

第18式　左右倒撵猴

第19式　斜飞式

第20式　捞月亮翅

第21式　手挥琵琶

第22式　海底针

第23式　闪通臂

第24式　转身撇身捶

第25式　左独立三连蹬

第26式　进步搂膝打捶

第27式　臂合手

第28式　滚球大将

第29式　左单鞭

第30式　云手穿珠

第31式　左单鞭穿掌

第32式　高探马

第33式　独立推掌

第34式　右迎面拳

第35式　右分蹬脚

第36式　左迎面拳

第37式　右独立三连腿

第38式　进步迎面拳

第39式　转身二龙戏珠

第40式　挑帘右心拳

第41式　十字右蹬脚

第42式　左右单峰贯耳

第43式	踢打左伏虎		第70式	左饿虎扑食
第44式	勾铲连环腿		第71式	右揽雀尾
第45式	右、左单峰贯耳		第72式	金鸡展翅
第46式	踢打右伏虎		第73式	右单鞭
第47式	后摆蹬连环腿		第74式	右下势飞膝独立
第48式	连环捶		第75式	右饿虎扑食
第49式	双峰贯耳		第76式	金鸡独立
第50式	转身连环脚		第77式	左右倒撵猴
第51式	进步搂膝打捶		第78式	右揽雀尾
第52式	如封似闭		第79式	斜单鞭
第53式	滚球大捋		第80式	回身提手
第54式	上下十字手		第81式	捞月亮翅
第55式	抱虎归山		第82式	手挥琵琶
第56式	右揽雀尾		第83式	左右搂膝拗步
第57式	斜单鞭穿掌		第84式	手挥琵琶
第58式	左右野马分鬃		第85式	海底针
第59式	左右迎面掌		第86式	闪通臂
第60式	右揽雀尾		第87式	退踹撇身捶
第61式	左单鞭		第88式	左独立三连腿
第62式	提手上势		第89式	进步搂膝打捶
第63式	玉女穿梭		第90式	臂合手
第64式	连环捶		第91式	滚球大捋
第65式	右揽雀尾		第92式	左单鞭
第66式	左单鞭		第93式	云手砍掌
第67式	云手		第94式	左单鞭穿掌
第68式	左单鞭		第95式	高探马
第69式	左下势独立		第96式	左摆莲腿

第97式　进步栽捶
第98式　左揽雀尾
第99式　斜单鞭
第100式　上步七星
第101式　退步跨虎
第102式　转身摆莲
第103式　弯弓射虎

第104式　箭步迎面拳
第105式　右揽雀尾
第106式　左单鞭
第107式　回头望月
第108式　十字手
第109式　合太极收势

第三节　三丰自然式活步太极拳109式动作图解

第1式　太极起势

扫码看1~29式视频

身体面南，自然并步直立；两腿微屈，左脚向左开步，与肩同宽，脚尖向前，两臂自然下垂，双手置于大腿外侧，目视前方（图2-1、图2-2）；两臂慢慢向两侧平举，并向胸前屈臂合拢；同时，两腿屈膝下蹲，成太极混元桩势（图2-3）。

图2-1　　　　　图2-2

要点：头颈正直，下颌微收，双手合拢与下蹲同时进行，手臂与胸同高，如同抱树。

图2-3

第2式 左揽雀尾

1. 揽手推掌

接上势，左脚收至右脚内侧；同时，双手翻转使掌心向下（图2-4）；左脚向前上步成左弓步；同时，双手立掌，并向外旋转使掌心向上，成托球状，也叫揽手（图2-5）；重心后移，左脚回撤成左丁虚步；同时，双手掌心向内，略向上弧形回收至胸部（图2-6）；左脚向前上一步，随之，右脚跟进半步（也叫前进步）成左弓丁步；同时，双手掌心向外，略向下弧形向前推出（手腕与肩同高），目视前方（图2-7）。

图2-4　　　　　　　　　图2-5

图2-6　　　　　　　　　图2-7

2. 右滚球斜挒挤

上体后坐，左脚尖翘起，身体右转；同时，双手上举，内旋上挒，与头同高成抱球状（图2-8）；左脚尖内扣踏实，重心前移至左腿，右腿抬起，向后（东北）撤步；同时，双手顺时针在身体左侧划立圆滚动一周，随后双手上举（左手高、右手低），右脚后退半步，左脚随之回撤半步（也叫后退步）；同时，双手向后大捋（图2-9、图2-10）；左脚回撤，脚尖点地成丁虚步；同时，身体右转，双手回收至胸部，左臂平屈于胸前，手心向里，右手掌心附于左手腕里侧，慢慢以左前进步挤出，目视前方（图2-11、图2-12）。

图2-8

图2-9

图2-10

图2-11

图2-12

要点：

①揽手时要立掌外旋成喇叭口状。

②双手回收时要略向上划弧，同时要侧身。

③双手前推时，运动略有下弧形曲线，要身体正直，沉肩坠肘，手臂微屈（双手运行路线绝大多数是弧线），双手前推和前挤时，同时腰部后撑，瞬间能够产生对撑爆发力（以后相同动作都按此要求去做，不再赘述）。

④丁虚步、弓丁步的动作要领如第一章第二节"步型"所述。

⑤滚球时，双手抱球内旋自转，与顺时针立圆公转，要同时运动。

⑥揽手、捋和挤的动作要领如第一章第二节"手法"所述。

作用：

左腿在前的四正手（掤、捋、挤、按）的劲力和技法。

第3式　右揽雀尾

1. 拨挡扳打

接上势，上体后坐，左脚尖翘起；同时，右手上架，左手下拨（图2-13）；左脚尖内扣，落地踏实，右脚收至左脚内侧；同时，两臂顺时针各划立圆半周，使左手在上与胸同高，右手在下与腹同高，双手掌心都朝下（图2-14）；身体右转面西，右脚向前上一步，左脚随即跟进半步，成右弓丁步；同时，右掌背由下向上经胸前及左臂内侧，向前摆动进行翻打，左手同时回拉至腹前，目视右手（图2-15）。

图2-13

图2-14 　　　　　　　　图2-15

2. 左捋挤揽手按掌

左手上托，右手翻掌使两掌心相对，成抱球状举至头前（图2-16）；左脚后退步向后大捋，随后，右前进步挤出，成右弓丁步（图2-17、图2-18）；双手外缠揽手（图2-19、图2-19附图），重心后移，右脚回收成右丁虚步；同时，双手回收至胸前，再向右前进步，双手向前按出（手腕与肩同高），眼向前平视（图2-20、图2-21）。

图2-16 　　　　　　　　图2-17

第二章　三丰自然式活步太极拳109式

图2-18

图2-19

图2-19附图

图2-20

图2-21

53

3. 左滚球大捋

上体后坐，右脚尖翘起内扣，身体左转面向西南；同时，双手上举，与头同高，成抱球状，并随身体转动，内旋上捋（图2-22）；右脚尖落地踏实，重心前移至右腿，左脚抬起，向后（东北）撤步；同时，双手在体前，逆时针划立圆滚动一周后双手上举（右手高、左手低），随后，向左后退步大捋（图2-23、图2-24）。

图2-22 　　　　　　　　图2-23

图2-24

要点：

①拨挡后，上步、扳打、回拉要同时进行，形成整体劲甩打。

②后退步和前进步的动作要领如第一章第二节"步法"及上势所述。

③左滚球时，双手抱球内旋上挒是自转，与逆时针立圆滚动，要同时运动。

作用：

①防守后，擒住对方手腕，板打攻击面部。

②右脚在前的四正手（掤、挒、挤、按）的劲力和技法。

第4式　斜单鞭

1. 双鞭连环掌

接上势，右脚抬起，扣脚踏实，左脚外摆，脚尖着地，成左虚步，身体由面向西南左转为面向东北；同时，双手随转体顺势由下向上抬起（左手在前、右手在后）举至头前，形成左实战式（图2-25）；左脚上半步，右脚后跟抬起；同时，向前左、右、左连环3掌，第3掌时右脚跟落地踏实，重心移至右腿（图2-26~图2-28）。

图2-25　　　　　　　　图2-26

图2-27　　　　　　　　　图2-28

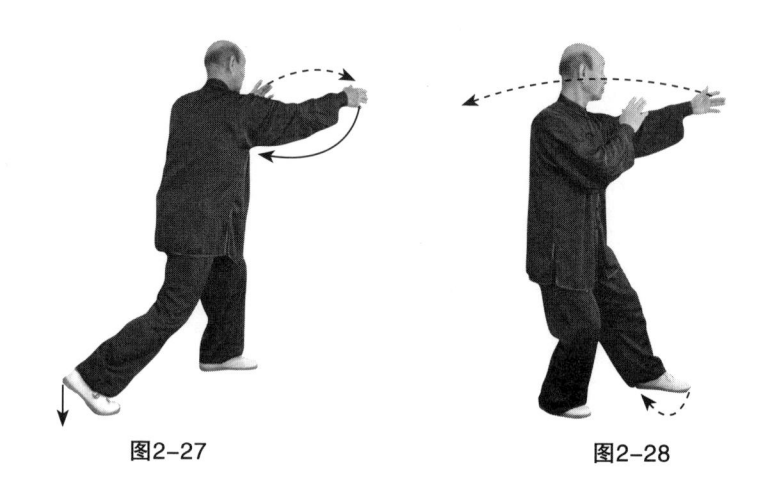

2. 雀尾封

上体后坐，左脚尖内扣成马步；重心右移，上体右转；同时，双手回收至右肩部，成十字手（左手在外、右手在内）（图2-29）；重心左移，上体左转；同时，右手掌心朝上，从颈部向左伸到左肩前，随后翻腕使掌手心朝下（图2-30）；重心再次右移，上体再次右转；同时，右手回拽至右胸前（图2-31）。

图2-29　　　　　　　　　图2-30

图2-31

3. 单鞭推掌

重心移至左腿，上体左转，面向东北；同时，左臂从右胸前向前方横摆抽打（图2-32）；重心后移，左腿回撤半步；同时，左手回收并向外勾挂（图2-33）；左腿向前上步，成左弓步；同时，左手向前推掌，右手后展变勾手（图2-34）。

图2-32

图2-33

图2-34

要点：

①连环掌时，后手要高抬护脸。

②雀尾封时，手臂运动要与上体3次转动配合协调。

③左手鞭打时，右手同时外展，可以增大向前作用力。

作用：

①连环掌是直线攻击头部。

②防守后，抓住对方手腕抽打其肋部，再前推其胸部。

第5式　回身提手

1. 转肘

接上势，左手向外旋转，使掌心朝上，随后左臂屈肘，肘尖顺时针划平圆转动一周（图2-35）。

图2-35

2. 提手

左脚尖内扣，身体右转，由面向东北转为面向西南，随之右脚外摆，脚尖点地成右虚步；同时，左手随身体转动停至右肘内侧，右手由勾手变立掌举至头前，双手掌心斜相对，目视右手（图2-36）。

图2-36

要点：
①肘尖转动划平圆时手不要动，划圆直径10~20厘米即可。
②提手时要沉肩坠肘，双手成抱球状。

作用：
①肘尖转动可以防止对方控制肘部。
②提手是防守动作和右实战式。

第6式　捞月亮翅

1. 双缠捞月

接上势，左手上托右肘尖；同时，右肘尖逆时针划圆，右手上托左肘尖，左肘尖同时顺时针划圆（图2-37、图2-38）；右脚向右横跨一步，使身体转向西；同时，左手立掌，掌心朝右，停至右肩前，右手从左肘外侧向上划弧停至头前上方（图2-39）；左脚向右脚右侧插步，两腿下蹲成歇步；同时，右手掌心向内，垂直下落，停至右膝旁（图2-40）；以两脚掌为轴，向左转动，身体由面西转为面东（图2-41）。

图2-37 　　　图2-38 　　　图2-39

图2-40　　　　　　　　图2-41

2. 白鹤亮翅

两腿蹬起成左虚步；同时，右手在体前上举，停至头上方，掌心斜向上，左手从胸部向前（东）横掌撑出，掌心向下，目视前方（图2-42）。

要点：

①托肘时掌心向上，肘尖转完后，再顺前臂外侧向上滑动。

②右掌下落与下蹲要同时进行。

③起身、举臂、撑掌3个动作要同时完成，并形成膨胀力。

作用：

捞腿架打。

图2-42

第7式 手挥琵琶

1. 左搂膝拗步

接上势，右手随左前进步向前劈掌；同时，左手立掌收至右肘内侧（图2-43）；右脚后退半步，左脚回撤至右脚内侧成左丁步；同时，右手下落向后方划弧至右肩外（与头同高），掌心向前，左手随身体右转摆至右肩前，掌心斜向后（图2-44）；右手由耳侧随左前进步向前推出（手腕与肩平）；同时，左手向下由左膝前向外搂，停至左胯旁，掌心向下，目视前方（图2-45）。

图2-43

图2-44 　　　图2-45

2. 手挥琵琶

重心后移，左脚回撤，成左虚步；同时，左手由下向上挑举，掌心向右，高与鼻尖平，右手回收停至左肘里侧，掌心向左，目视前方（图2-46）。

图2-46

要点：

①下劈时要右臂前伸。

②搂膝拗步时，上肢运动要与下肢进退步法协调配合。

③手挥琵琶左手向上挑举，右手向下回收，形成上下合力。

作用：

控制对方关节的擒拿动作。

第8式 左右搂膝拗步

1. 左搂膝拗步

接上势，左脚回收，成左丁步；同时，右手下落，向后、向上划弧至右肩外侧（与头同高），掌心向前，左手随身体右转摆至右肩前，掌心斜向后（图2-47）；左腿向前（偏左）迈步；同时，左手向下由左膝前向外搂，掌心向下，停至左膝旁，右手由耳侧随左前进步向前推出（图2-48）。

图2-47　　　　　　　　图2-48

2. 右搂膝拗步

重心后移，左腿抬起并外摆；同时，身体左转，右手外旋转至掌心朝上（图2-49、图2-49附图）；左腿前弓，脚掌慢慢踏实，重心移至左腿，右脚收至左脚内侧，成右丁步；同时，右手收至左肩前，掌心斜向后，左手翻掌，由下向后、向上划弧停至左肩外侧（肘微屈），掌心向前（图2-50）；上体右转，右脚向前（偏右）迈步；同时，右手向下由右膝前向外搂，掌心向下，停至右膝旁，左手由耳侧随右前进步向前推出（图2-51）。

图2-49 　　　　　　　　图2-49附图

图2-50

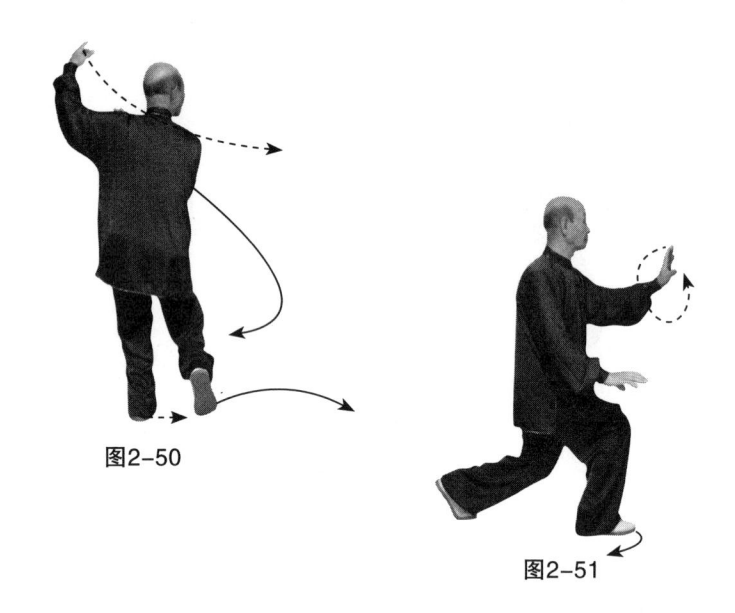

图2-51

3. 左搂膝拗步

重心后移，右腿抬起并外摆；同时，身体右转，左手向外旋转至掌心朝上（图2-52）；右腿慢慢前弓，脚掌慢慢踏实，重心移至右腿，左脚收至右脚内侧，成左丁步；同时，左手收至右肩前，掌心斜向后，右手翻掌，由下向后、向上划弧停至右肩外侧（肘微屈），掌心向前（图2-53）；上体左转，左脚向前（偏左）迈步；同时，左手向下由左膝前向外搂，掌心向下，停至左膝旁，右手由耳侧随左前进步向前推出（图2-54）。

第二章　三丰自然式活步太极拳109式

图2-52

图2-53

图2-54

要点：

手向前推时，另一只手回拉，并转腰挺胯，形成旋转力，两脚跟横向距离20厘米以上。

作用：

上拨下防，进步推打。

第9式　手挥琵琶

接上势，重心后移，左脚回撤，成左虚步；同时，左手由下向上挑举，掌心向右，高与鼻尖平，右手回收停至左肘内侧，掌心向左，目视左手（图2-55）。

要点：
同第7式。
作用：
控制关节的擒拿动作。

图2-55

第10式　进步搬拦捶

1. 横肘靠打

接上势，重心前移，左脚跟前移横摆落地；同时，身体左转，左手搭在右手腕处，右肘尖随身体转动，向前冲肘（图2-56、图2-56附图）。

图2-56 　　　　图2-56附图

2. 搬拦捶

右脚向前直蹬；同时，右手握拳，从胸前向前搬打，左手停至右肘旁（图2-57）；右腿收回，并步震脚；同时，左手前伸，右拳回收至腰右侧（图2-58）；左手向下顺时针向外划弧拦出，掌心向下，停至左膝外侧，右拳随左弓丁步立拳向前打出（图2-59）。

图2-57

图2-58

图2-59

3. 搂膝打捶

右脚进步；同时，右手回收至腰部，左手在右膝前顺时针向外划弧搂出（图2-60）；左脚进步；同时，左手在左膝前顺时针向外划弧搂出，掌心向下，停至左膝外侧（图2-61）；右拳从腰际随左前进步向前打出（拳眼向上），高与胸平，目视右拳（图2-62）。

图2-60

图2-61

图2-62

要点：

①左脚跟横摆时，左脚尖不动，脚跟前移，横向落地。

②撇打、蹬脚要同时动作，双手撇打为虚，脚蹬为实，可慢练也可快练。

③搂膝打捶时，注意要转腰挺胯，形成旋转力。

作用：

主要是肘击、蹬踹，并连续进攻。

第11式　如封似闭

接上势，左手掌从右手腕外侧向前伸出，并双手翻转使掌心向上慢慢分开（图2-63、图2-64）；重心后移到右腿，左脚回收，成左丁虚步；同时，双手回收（略有上弧形）至胸前，随后双手随左前进步向前推出（图2-65、图2-66）。

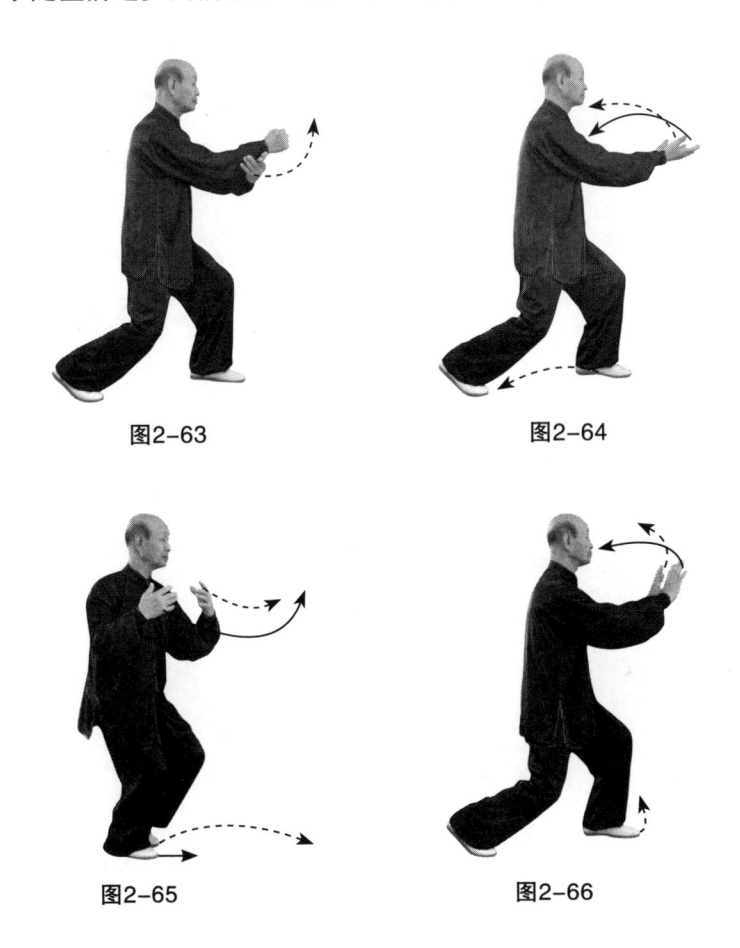

图2-63

图2-64

图2-65

图2-66

要点：
①双手回收时微微向右侧身。
②前推时，腰部同时后撑可以增大向前作用力。
作用：
翻转手心向上是反擒拿。

第12式 滚球大捋

1. 右滚球

接上势，上体后坐，左脚尖翘起，身体右转面向东南；同时，双手上举，与头同高，成抱球状，内旋上捋（图2-67）；左脚尖内扣，落地踏实，重心移至左脚，右脚抬起，向后偏右（西北方向）撤步；同时，双手顺时针在身体左侧划立圆滚动一周，随后双手上举（左手高、右手低）（图2-68）。

图2-67　　　　　　　　图2-68

2. 左滚球

右脚后退一步，随后左脚回收成左丁步，身体右转面向西；同时，双手向下划弧举至头前（图2-69）；左脚向后（东）撤步，重心移至左脚，右脚尖翘起，身体由西转向南；同时，双手随转体成抱球状，内旋上捋（图2-70）；右脚尖内扣，落地踏实，重心移至右腿，左脚抬起，向后（北）撤步；同时，双手逆时针在身体右侧划立圆滚动一周，随后双手上举（右手高、左手低）（图2-71）。

图2-69

图2-70

图2-71

要点：

首先转体面向东南，再转体面向西，再转体面向南，方向要正确，步法与手法要协调一致。

作用：

是"掤、挒、捋"防守动作。

第13式　上下十字手

1. 上下十字手

接上势，左腿向后（北）退步；同时，双手顺时针向下划弧一周至头后方（图2-72）；左脚随即上一步成面南的开立步；同时，双手交叉合抱于胸前，左手在外成上十字手（图2-73）；两腿屈膝下蹲，双手由胸前下落，右手在外成下十字手（图2-74）。

图2-72

图2-73

图2-74

2. 托天撑地

双手从下向两侧分开，再屈肘从双耳两侧向上托起（图2-75）；两腿同时蹬起站立，掌心向上，两臂撑圆（如同托天），目视双手（图2-76）。

图2-75 　　　　　　图2-76

要点：
①上下十字手要有向外掤劲。
②蹬起站立与上托要同时进行。
作用：
上下防守动作。

第14式 抱虎归山

1. 斜劈抱虎

接上势，右脚斜后下步，身体面向西南成开立步；同时，两臂从头顶向两侧下落（图2-77）；两腿下蹲；同时，双手向前合拢成抱树状，随后蹬起站立（图2-78、图2-79）。

图2-77

图2-78 　　图2-79

2. 转身推虎归山

左脚内扣，右臂下落至左肩前，左手上抬至头前，掌心向内（图2-80、图2-80附图）；身体右转由面西南转为面向东北，右脚随转身向前（东北）迈步；同时，右手向下由右膝前向外划弧搂过，掌心向下，停至右膝旁，左手由耳侧随右前进步向前推出（图2-81）。

图2-80

图2-80附图

图2-81

要点：

搂膝时要转腰挺胯，与左手前推形成旋转力。

作用：

抱腿摔和推打。

第15式　右揽雀尾

1. 左捋挤揽手按掌

接上势，左手翻掌，掌心朝上，随后右手上举前伸（与头同高）成抱球状（图2-82）；左后退步大捋，随后双手随右前进步向前挤出（图2-83、图2-84、图2-84附图）；双手外缠揽手（图2-85）；重心后移，右脚撤步成右丁虚步；同时，双手回收至胸前，随后再随右前进步向前按出（图2-86、图2-87、图2-86附图）。

图2-82

图2-83

图2-84

图2-84附图

图2-85　　　　　　　　　　图2-86

图2-86附图　　　　　　　　图2-87

2. 左滚球斜大捋

上体后坐，右脚尖翘起，身体向左摆动；同时，双手上举与头同高，成抱球状，并随身体摆动，内旋上捋（图2-88）；右脚尖落地踏实，重心前移至右腿；同时，双手在身体右侧逆时针划立圆滚动一周后双手上举（右手高、左手低），随后在左后退步大捋（图2-89、图2-90）。

图2-88

图2-89

图2-90

要点：

与第2式左揽雀尾相同。

作用：

右腿在前的四正手（掤、捋、挤、按）的劲力和技法。

第16式 斜单鞭穿掌

1. 双鞭连环掌

接上势，右脚抬起脚尖内扣，左脚外摆，脚尖着地，成左虚步；同时，身体由面向东北转为面向西南，双手随转体由下

第二章　三丰自然式活步太极拳109式

向上抬起，举至头前（左手在前、右手在后），形成左实战式（图2-91）；左脚上半步，右脚跟抬起，向前左、右、左连环3掌，第3掌时右脚跟落地踏实（图2-92~图2-94）。

图2-91

图2-92

图2-93

图2-94

2. 雀尾封

上体后坐，左脚尖内扣成马步。重心右移，上体右转；同时，双手回收至右肩部，成十字手（左手在外、右手在内）（图2-95、图2-95附图）；重心左移，上体左转；同时，右手掌心朝上，从颈部向左伸到左肩前，随后右手翻转，使掌心朝下（图2-96）；重心再次右移，上体再次右转；同时，右手回拽至右胸前（图2-97、图2-97附图）。

图2-95　　　　　　　　图2-95附图

图2-96　　　　图2-97　　　　图2-97附图

3. 单鞭穿掌

身体左转，面向西南；同时，左手掌心朝上，由右肩部移到左胸前，右手变勾手后展（图2-98）；左脚向前上步成左弓步；同时，左手从胸部向前穿出，右勾手向后伸直，高与头平，目视左手（图2-99）。

图2-98　　　　　　图2-99

要点：
①连环掌时，后手要高抬护脸。
②雀尾封时，手臂运动要与重心3次移动配合协调。
③上步穿掌时，要手脚同时到位。
作用：
直线攻击头部。防守后，穿击面部。

第17式　三连捶

1. 双崩捶

接上势，左脚撤步成左丁步；同时，双手回收下落至腹前成下十字手（右手在外、左手在内）（图2-100）；左脚尖外摆向前拗步，使身体面南，两腿交叉成高歇步（图2-101）；右脚向西进步脚尖内扣成马步；同时，双手握拳向两侧（东西）崩打，拳心向后，目视右方（图2-102）。

图2-100　　　图2-101　　　图2-102

图2-103

2. 通天捶

左脚尖外摆，身体由面南转为面东，右脚跟步，成左弓丁步；同时，右拳由下向上勾打（高与眼平），左手停在左胯旁，目视右拳（图2-103）。

3. 肘底捶

上体后坐，成左虚步；同时，左手上挑至头前，掌心向右，成侧立掌，右拳收至左肘下，目视前方（图2-104）。

图2-104

要点：

①落步要与双崩捶同时进行。

②通天捶（上勾拳）与转身跟步要同时进行。

③肘底捶还有另一种练法，即左手从胸前向前穿出，右拳收至肘下。

作用：

击裆、击下颌和虚步准备进攻动作。

第18式 左右倒撵猴

接上势，右拳变掌向后划弧至头后方，掌心向前；同时，左手回收至右肩前，掌心斜向后（图2-105）；左脚回收至右脚前；同时，左手在左膝前向外划弧搂膝，右臂屈肘，右手置于右膀（图2-106）；右脚蹬起成右独立式；同时，左手从腋下向前穿出，掌心朝上，随后右手前伸至左臂内侧（图2-107）。

图2-105

图2-106　　　　　　　　图2-107

1. 左倒撵猴

左腿向后（偏左）退一步，成右虚步，上体微左转；同时，左手随转体回收，右手拇指与食指张开，贴于左手腕对拉，随之双手同时向前后穿出，掌心均向下，目视后手（图2-108）。

图2-108

2. 右倒撵猴

左臂屈肘，手心向内，折向头部；同时，右手翻转，使手心朝上；上体微右转，随即右脚回收成右丁步；同时，右手随转体回收，左手由耳侧前伸，拇指与食指张开，贴于右手腕处（图2-109）；右腿向后（偏右）退一步，成左虚步，随之双手对拉，向前后穿出，掌心均向下，目视后手（图2-110）。

图2-109 　　　　　　图2-110

3. 左倒撵猴

动作与右式相同，唯左右相反（图2-111、图2-112）。

图2-111 　　　　　　图2-112

要点：
①双手随转体同时向前后穿出可以发出整体前后作用力。
②后退时要避免两脚落在同一条直线上。

③拇指与食指张开与腕部要贴紧。

作用：

破解对方擒腕，并前后都可进攻。

第19式 斜飞式

1.右丁步斜十字手

接上势，右脚收回至左脚内侧；同时，左手向上卷收，停至右肩前，右手向下卷收，自然伸直，双手交叉在身体右侧成斜十字手（图2-113）。

图2-113

2.斜飞式

身体由东转向南，右脚向右前方（南）迈出，左脚随之扭转；同时，双手向右上和左下分开，右臂微屈，掌心斜向上，高与眼平，停至头前，左臂微屈，掌心向下，停于左胯旁（图2-114）。

图2-114

要点：

右脚迈步要大，左脚不离地扭转，转体时不可太快。

作用：

一种靠摔法。

第20式 捞月亮翅

1. 千斤坠

接上势，重心后移，右腿回撤成右虚步；同时，右手向下、向膝外划弧，停在右膝外侧，左手向上经胸前上架到头顶上方，掌心斜向上（图2-115）。

图2-115

2. 上步捞月

右脚进半步，左脚跟步，随后两腿下蹲成歇步；同时，左手下落停在右肩前，掌心向右，右手向上在身前顺时针划圆一周，停至右膝旁（图2-116）；以两脚掌为轴（右手掌心向上，成捞物状）向左转动，身体由面南转为面北（图2-117）。

图2-116 　　　　　　　图2-117

3. 白鹤亮翅

两脚蹬起成左虚步；同时，右手在体前上举，架至头顶上方，掌心斜向上，左手从胸部向前（北）横掌撑出，目视前方（图2-118、图2-118附图）。

图2-118 　　　　图2-118附图

要点：

①转身时上体不动。

②撑掌要与上架形成膨胀力。

作用：

防下、捞腿、转身上架砍打。

第21式 手挥琵琶

此式动作、要点、作用与第7式手挥琵琶相同,只是方向面北运动(图2-119~图2-122)。

图2-119

图2-119附图

图2-120

图2-121

图2-121附图

图2-122 　　　　　　　　图2-122附图

第22式　海底针

1. 进步连环掌

接上势，以两脚掌为轴，由面北右转为面东（图2-123）；随后左脚上步；同时，右手回收至头后部，掌心向后，再从头上向前甩臂劈掌，左手收至左肋旁（图2-124）；右脚进步，左手向前穿出；同时，右手收至右肋旁（图2-125）。

图2-123 　　　　　　　　图2-124

图2-125

2. 海底针

左脚进步成左虚步；同时，右手上举，掌心向左由耳旁向斜下方插出，左手向上收至脸右侧，掌心向右（图2-126）。

图2-126

要点：
①右手伸到头后部时掌背要贴头。
②上三步、进三掌时，上下肢要交叉进行，协调一致。
③海底针要躬身，右手斜插要离地30厘米左右。

作用：
①右手伸到头后有3个作用。
②护头破解对方抓头发。
③用辫子向前抽打（古时男子有辫子）。
④是连续进攻——劈头、击面、打下组合动作。

第23式　闪通臂

接上势，以两脚掌为轴，右转身面南（图2-127）；左脚上步成左弓步；同时，左手由胸前向前立掌推出，右手由下屈臂上架，停于头顶上方，掌心斜向上（图2-128）。

图2-127

图2-128

要点：
①右转身时，要保持双手与上体不动。
②左手前推、右手上架形成旋转力。
作用：
架防推打。

第24式　转身撇身捶

接上势，上体后坐，成左虚步；同时，左手回收屈肘上架，停于头前上方，右手向前摆臂横掌撑出（图2-129）；以两脚掌为轴，向右转身面北；同时，右手随转身变拳向后横向轮臂鞭打（图2-130）；右脚进半步，左手下按至右肘下，右拳从胸部向前穿出，拳心向上（图2-131、图2-131附图）。

图2-129

图2-130

图2-131

图2-131附图

要点：
①鞭拳要以身带臂抡打。
②左手下按与右拳前穿要协调一致。
作用：
转身鞭拳击打，再迎面穿掌进行连击。

第25式　左独立三连蹬

1. 后蹬

接上势，右脚尖翘起，内扣踏实；同时，身体左转面南，右前臂向内格挡滚肘（图2-132）；左脚向右脚后插步，重心移至左腿，右拳下落停至右肋旁，随后右脚向后蹬出；同时，右拳变掌，双手向前后分开，掌心均向外，目视后脚（图2-133、图2-134）。

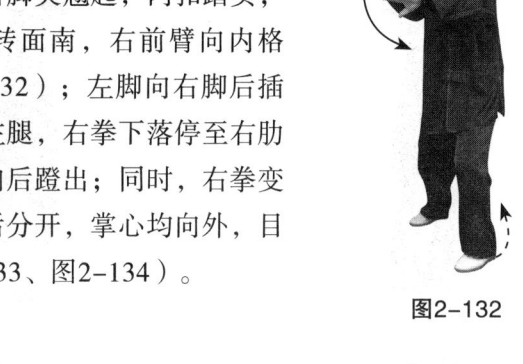

图2-132

图2-133 　　　　图2-134

2. 前蹬

右腿回收，向前（南）蹬脚；同时，右手握拳向前穿出，拳心向上，左手回收，掌心向上，停至右肘下托肘，目视右拳（图2-135）。

图2-135

3. 侧蹬

右腿由前向右外摆，身体右转面西，收小腿再向前蹬脚；同时，两手臂在身前顺时针各划立圆半周，随即右手握拳由胸向前穿出，左手下落收至左胯旁，掌心向下，目视前方（图2-136、图2-137）。

图2-136 　　　　　　图2-137

要点：

左腿独立，连续3次蹬腿一定要站稳，蹬腿的高度可高可低，随自己的意愿。

作用：

向3个方向蹬踢。

第26式 进步搂膝打捶

1. 马上活挟

接上势，右脚向前（西）落步；同时，左手前伸，右手回收屈肘成挟物状（图2-138、图2-138附图）。

图2-138 　　　　　　　图2-138附图

2. 进步搂膝打捶

左脚向前进步；同时，左手在左膝前向下顺时针向外划弧搂出（图2-139）；右脚进步；同时，左手在右膝前顺时针向外划弧搂出（图2-140）；左脚再次进步；同时，左手再次在左膝前

第二章　三丰自然式活步太极拳109式

顺时针向外划弧搂膝，掌心朝下，停至左膝外侧，右手变拳（拳眼向上）从腰际随左前进步向前打出，目视前方（图2-141、图2-141附图、图2-142）。

图2-139

图2-140

图2-141

图2-141附图

图2-142

要点：

连续上3步，左手搂膝3次，右手不动。上步与搂膝要协调一致。

作用：

擒住对手，上步追打。

第27式　臂合手

1. 缠丝手

接上势，左手前伸，贴在右腕处（图2-143）；右脚退步，左腿伸直，右腿下蹲成左扑步；同时，左手按住右手腕，右手立掌外旋向下切掌，形成小缠丝，随后左右肘分别向内旋转缠丝一周形成大缠丝（图2-144、图2-144附图）。

图2-143

图2-144 　　　　图2-144附图

2. 进步撇打

双手停至腹前，重心前移，以两脚掌为轴，两腿左旋转体；同时，右臂向前（西）冲肘（图2-145）；右手变拳，以右脚进步向前撇出，目视右拳（图2-146）。

图2-145 　　　　　　　图2-146

要点：

①右手小缠丝双手要向后拉动，大缠丝腰要配合转动。

②撇打时，右手握拳，左手掌心贴在右手腕上，要力达拳背。

作用：

擒拿控制腕关节和肘关节，撇打是击面。

第28式　滚球大捋

1. 退步右滚球大捋

接上势，双手向右摆动掤滚（图2-147）；顺时针在身前立圆滚动一周，重心后移至左腿，右脚抬起，向后

（东）退步；同时，双手（左手高、右手低）成抱球状举至头前，随后右后退步大捋（图2-148、图2-149）。

图2-147

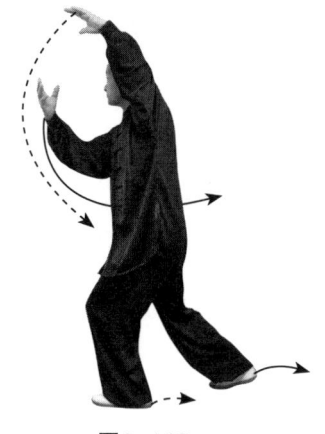

图2-148　　　　图2-149

2. 进步左滚球大捋

右腿进步，成右弓步；同时双手向前推掌（图2-150）；上体后坐，右脚尖翘起（不内扣），身体向左摆动；同时，双手上举，与头同高，成抱球状，并随身体摆动，内旋上捋（图2-151）；右脚尖落地踏实，重心前移至右腿；同时，双手在身体左侧逆时针立圆滚动一周，随后双手上举（左手高、右手低），向左后退步大捋（图2-152、图2-153）。

图2-150 　　　　　　　　图2-151

图2-152 　　　　　　　　图2-153

要点：
①右掤滚是掤和捋的综合动作。
②滚球时双手自转，双臂公转，要同时进行。

作用：
是掤、捋、挤、按四正手法。

第29式　左单鞭

1. 双鞭连环掌

接上势，右脚尖内扣，左脚外摆脚尖着地成左虚步；同时，身体由西转向东，双手顺势抬起（左手在前、右手在后），举至头前，成左虚步实战势（图2-154），左脚上半步，右脚跟翘起，左右左连击3掌，第3掌时，右脚跟落地踏实（图2-155~图2-157）。

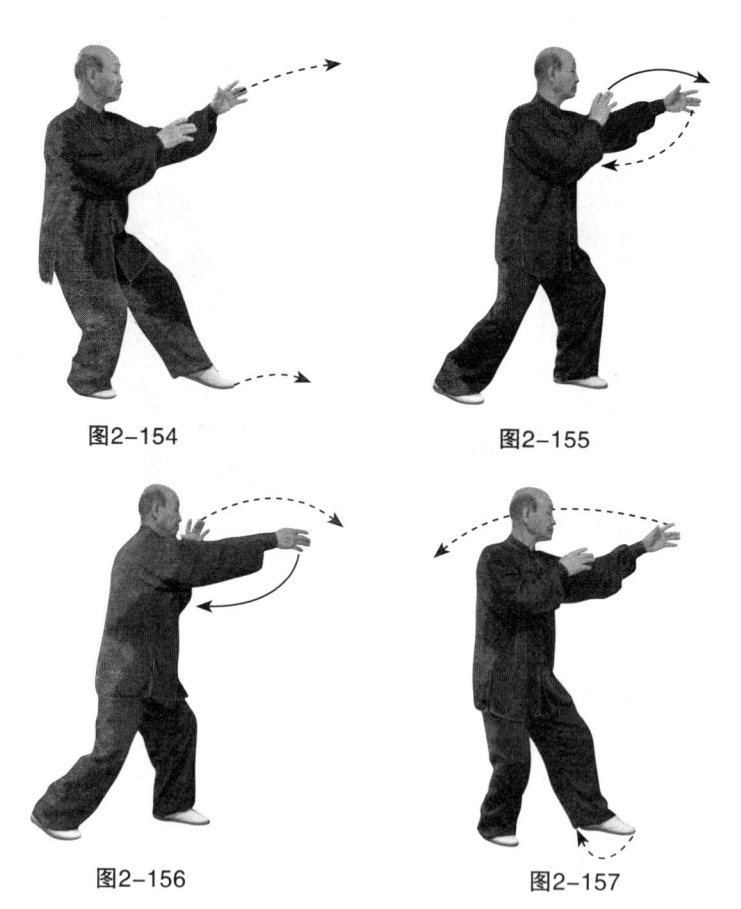

图2-154

图2-155

图2-156

图2-157

2. 雀尾封

上体后坐，左脚尖内扣成马步，重心右移，上体右转；同时，双手回收至右肩部，成十字手（左手在外、右手在内）（图2-158）；重心左移，上体左转；同时，右手掌心朝上，从颈部向左伸到左肩前，随后翻掌使手心向下（图2-159）；重心再次右移，上体再次右转；同时，左脚回收到右脚内侧，成左丁步，右手回拽至右胸前（图2-160）。

图2-158

图2-159 　　　　图2-160

3. 单鞭拍掌

身体左转面东，左脚向前迈步成左弓步；同时，左手随即向前甩拍（也可以前推），右手后展变勾手，目视左手（图2-161）。

图2-161

要点：
①连击掌可慢练也可快练，后手要护住头部。
②雀尾封腰部3次转动要与两臂动作配合协调。
③甩拍时要略有上弧形。

作用：
防守后快速拍击进攻。

第30式 云手穿珠

扫码看30~66式视频

接上势，重心移至右腿，身体慢慢右转面南，左脚尖内扣，左手向下经腹前向右上划弧至右肩前，掌心斜向后，目视右手（图2-162）。

图2-162

1. 云手左右穿珠

上体慢慢左转，身体重心逐渐左移，右脚左移靠近左脚成小开立步，身体左转；同时，左手从右经脸前向左格挡运转，掌心逐渐转向左，右手向下经腹前向左上划弧至左肩前，掌心斜向上，目视左手（图2-163）；上体右转，左手向下经腹前向右上划弧至右肋旁，掌心斜向后；同时，右手从左经脸前向右格挡运转，到右肩后上动不停，继续向右后旋转外拨（图2-164）；右手掌心转向右，用二指禅向右（西）探出（图2-165）；左脚向左横跨一步成大开立步；同时，右手向下经腹前向左上划弧停至左肋旁，掌心斜向后，左手从右经脸前向左格挡运转，到左肩后上动不停，继续向左后旋转外拨（图2-166）；左手掌心转向左，用二指禅向左（东）探出（图2-167）。

图2-163

图2-164

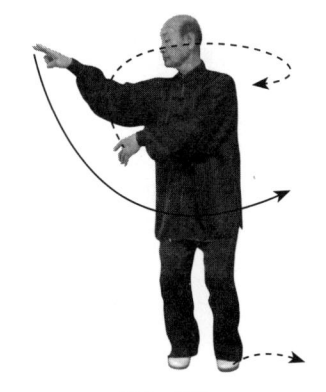

图2-165

图2-166　　　　　　　　　图2-167

2. 云手左右穿珠

右脚左移靠向左脚成小开立步，上体右转；同时，左手向下，经腹前向上划弧至右肋旁，掌心斜向后；同时，右手从左经脸前向右格挡运转，到右肩后上动不停，继续向右后旋转外拨；右手掌心转向右，用二指禅向右（西）探出（同图2-164、图2-165）；左脚向左横跨一步，成大开立步；同时，右手向下经腹前向左上划弧停至左肋旁，掌心斜向后，左手从右经脸前向左格挡运转，到左肩后上动不停，继续向左后旋转外拨；左手掌心转向左，用二指禅向左（东）探出（同图2-166、图2-167）。

此式左右共作4次、穿珠共4次大小开立步，最后左穿珠时，左脚尖外摆朝前，身体左转面东（图2-168）。

图2-168

要点：

①以腰带手，眼随手转。

②外拨时转腰要充分。

作用：

上面防头，下面防裆，左右侧防，再攻击眼部。

第31式　左单鞭穿掌

1. 进步翻球

接上势，在左手二指禅前抻时，右脚向前进步；同时，双手在身前呈抱球状翻转，使右手在上，左手在下（图2-169）。

图2-169

2. 进步单鞭穿掌

左脚进步成左弓步；同时，左手掌心朝上向前穿掌，右手后展变勾手（图2-170）。

图2-170

要点：
盖步与翻转、前弓和穿掌，动作要同时进行。
作用：
擒拿头颈，攻击面部。

第32式 高探马

接上势，右脚上半步，左脚尖点地，身体重心移至右腿，右勾手变掌，双手翻转掌心向上，肘部微屈，目视右手（图2-171）；右手掌心向前，经右耳旁向前推出（手指与眼同高），左手收至右肘下，掌心向上；同时，左脚稍向前移，成左虚步，目视右手（图2-172）。

图2-171 　　　　　　　图2-172

要点：
①翻掌时眼向后看。
②右手前推时，先要手指前穿，快到位时再推掌。

作用：

防守中盘，攻击头部。

第33式　独立推掌

1. 左穿掌

接上势，左脚上半步，重心前移，成左弓丁步；同时，右手下按，左手上穿（图2-173）。

图2-173

2. 独立勾推

右腿进步，屈膝下蹲，两手腕相交（左手在外），成十字手并下落至右膝前（图2-174、图2-174附图）；左脚抬起向前、微向外划弧再回勾；同时，双手收回从两侧向上圈起，从胸前推出，成右独立式（图2-175、图2-176）。

图2-174 　　　　　图2-174附图

图2-175　　　　　　　　图2-176

要点：
脚勾下、手推上要同时进行，形成力偶翻转力。
作用：
护膝后，勾腿推摔。

第34式　右迎面拳

1. 左滚球大捋

接上势，左脚向后落步，重心落至左脚，右脚尖翘起，身体向左摆动；同时，双手上举与头同高，成抱球状，并随身体摆动内旋上捋（图2-177）；右脚尖落地踏实，重心前移，左脚抬起，向后（偏左）退步；同时，双手逆时针在身体右侧划立圆滚动一周后双手上举（右手高、左手低），随后，左脚向左后（西北）退步并大捋（图2-178、图2-179、图2-179附图）。

第二章 三丰自然式活步太极拳109式

图2-177　　　　　　　图2-178

图2-179　　　　　　　图2-179附图

2. 右迎面拳

右脚尖内扣，左脚外摆，左脚尖着地成左虚步；同时，身体左转（由面东转向西北），双手顺势抬起（左手在前、右手变拳在后）举至头前，成左实战势（图2-180）；右拳随左前进步向前打出（拳背朝上，与肩同高）；同时，左手上架，掌心斜向上，停至额头斜上方，目视前方（图2-181）。

111

图2-180　　　　　图2-181

要点：
转身要双手和双脚动作协调一致、同时进行。
作用：
右拳打迎击。

第35式　右分蹬脚

1. 独立右分脚

接上势，上体后坐，左脚尖翘起内扣，身体转向东，左臂向内滚肘，与右手在胸前合成十字手（左手在外、右手在内）（图2-182、图2-182附图）；重心移至左脚，右脚抬起向前（东）分脚弹踢；同时，双手用掌背横向摆动，向两侧打出（图2-183）。

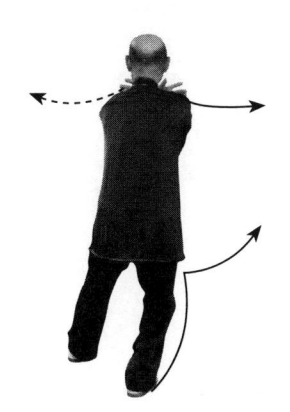

第二章 三丰自然式活步太极拳109式

图2-182

图2-182附图

图2-183

2. 独立看捶

右腿收回提膝，保持左独立式；同时，双手顺时针在体前立圆划弧半周，左手停至胸前，掌心向下，右手握拳通过左手背向上勾打，目视右拳（图2-184）。

图2-184

3. 独立右蹬脚

左独立势不动，右拳变掌下落到左腕处，随即双手手心向内，再翻掌使手心向外（图2-185）；右脚前蹬；同时，双手回拉停至腰部，目视右脚（图2-186）。

图2-185　　　　　　图2-186

要点：
①弹踢时可高可低。
②甩打时力达手背。
③蹬腿时尽力高蹬。

作用：
弹裆、蹬胸、勾打下颌，是组合击打动作。

第36式　左迎面拳

1. 右大捋

接上势，两臂前伸；同时，右腿向后西南（偏右）方向落步，双手向后大捋（图2-187、图2-188）。

图2-187

图2-188

2. 左迎面拳

左脚尖内扣，右脚外摆，右脚尖着地成右虚步，身体右转（由面东转向西南）；同时，双手顺势抬起（右手在前、左手变拳在后）举至头前，成右实战势（图2-189）；左拳随右前进步向前打出（手背朝上，与肩同高）；同时，右手上架，掌心斜向上，停至额头斜上方，目视前方（图2-190）。

图2-189　　　　　　　图2-190

要点：

①大捋手前伸时左手在上、右手在下。

②转身要上下协调一致。

作用：

左拳打迎击。

第37式　右独立三连腿

1. 踹腿

上体后座，右脚尖翘起内扣，身体转向东；同时，右臂向内滚肘，与左手在胸前合成十字手（左手在外、右手在内）（图2-191）；左脚抬起向左（北）低腿侧踹；同时，双手分别向两侧横掌推出，目视左手（图2-192、图2-192附图）。

第二章　三丰自然式活步太极拳109式

图2-191

图2-192 　　　　　　　图2-192附图

2. 弹腿

收回左腿，提膝独立；同时，双手回收到胸前合成十字手（左手在外、右手在内）（图2-193），左腿向前（东）弹踢；同时，双手立掌向前后同时推出（右手向前、左手向后），腕与肩平（图2-194）。

117

图2-193　　　　　　　　图2-194

3. 蹬腿

收回左腿提膝独立，以右脚掌为轴，向左转身面向西；同时，双手回收至胸前成十字手（右手在外、左手在内）（图2-195）；左腿向前（西）蹬踢；同时，双手立掌向两侧推出，左手向前、右手向后，腕与肩平（图2-196）。

图2-195 　　　　　　　　图2-196

要点：

右腿独立要站稳，向后转要以右脚掌为轴。

作用：

左腿屈伸动作是3个方向、3种高度、3种腿法（弹、蹬、踹）。

第38式　进步迎面拳

1. 左搂膝拗步

接上势，左腿回收落于右脚内侧成左丁步；同时，右手收至右耳后侧，左手收至右肩前，随后左脚向前迈步，右脚向前跟进半步；同时，左手在左膝前向外搂出，右手向前（略有下弧）推出（图2-197、图2-198、图2-197附图）。

图2-197

图2-197附图 　　　　图2-198

2. 进步迎面拳

上体后坐；同时，右掌外旋，使掌心向上（图2-199）；右脚上步至左脚内侧成右丁步；同时，左掌向后划弧，掌心向前停至头后方，右掌随转体向上、向下划弧落在身体左侧，掌心向下（图2-200）；右脚上步，成右弓步；同时，左手掌心向上、向前横砍，右手向右划弧，掌心朝下，停至腰部右侧（图2-201）；左脚上步；同时，左手翻掌下按，停至胸前，右掌变拳，随左弓步打出，拳背向上，高与肩平，目视前方（图2-202）。

图2-199

图2-200

图2-201

图2-202

要点：

砍掌时掌心向上，按掌时掌心向下。

作用：

上步打迎击，目标是面部。

第39式　转身二龙戏珠

1. 翻身撇打

接上势，右腿后撤半步，成右横裆步；同时，右臂屈肘回拉向后（东）肘击（图2-203、图2-203附图）；重心移至左脚，右脚回收到左脚内侧，成右丁步；同时，两臂下落至腹部，左手附于右腕（图2-204、图2-204附图）；身体右转面东，右脚向前上步成右弓步；同时，右手随转身向前撇打，左手回拉至腹前（图2-205、图205附图）。

图2-203　　　　　图2-203附图

图2-204

图2-204附图

图2-205

图2-205附图

2. 二龙穿珠

左手二指禅向前探出；同时，左脚上半步，成右弓丁步，右手变掌回收下按，停至左腹边，掌心向下，身体面东，目视左手（图2-206）。

图2-206

要点：

①向前撇打与左手回拉可以增大翻转力。

②二龙穿珠与右手下按形成对拉，增大向前作用力。

作用：

肘击中部，撇打上部，指击眼部。

第40式 挑帘右心拳

接上势，左腿向前（偏左）进步，身体由东转向东北；同时，左手向下、向外弧形挑起，掌心向外，与肩同高，右掌变拳，随左前进步向前打出，高与腹平，拳眼向上，目视前方（图2-207）。

图2-207

要点：

挑掌的路线为下U型，右拳打出时，右臂略弯，同时，腰部后撑。

作用：

左手搂防，右拳击胸。

第41式 十字右蹬脚

1. 歇步抱球

接上势,方向不变,左脚向右,横跨一步,双腿下蹲成歇步;同时,双手交叉向上分掌,再向下划弧成下十字手(左手在内、右手在外)置于腹前(图2-208、图2-209、图2-209附图)。

图2-208

图2-209  　　图2-209附图

2. 十字右蹬脚

起身直立，重心移至左腿，右腿提膝成左独立式，双手上举至胸前，随后两臂向左右分开，掌心转向外；同时，右脚向前方蹬出，目视前方（东北）（图2-210）。

要点：

横跨步不要太大，只要能形成歇步就行。

作用：

防下擒腿，蹬脚进攻。

图2-210

第42式　左右单峰贯耳

1. 右大捋

接上势，右腿向后（西南）落步；同时，双手前伸（左手在上、右手在下），向后（西南）大捋（图2-211、图2-212）。

图2-211

图2-212

2. 左滚球大将

左脚尖内扣,右脚外摆,重心后移至左腿;同时,身体右转,由东北转向西南,双手随身体右转顺势上举至头前成抱球状,随后,右脚尖翘起内扣;同时,双手随身体左转,内旋上将;右脚尖落地踏实,重心前移至右腿,双手在身体右侧逆时针划立圆滚动一周后双手上举(右手高、左手低),随后左脚向左后退步(西北)大将(图2-213~图2-215、图2-215附图)。

图2-213

图2-214

图2-215

图2-215附图

3. 左右单峰贯耳

接上势，右脚内扣，重心移至左腿，成左弓步；同时，身体左转，面向西北，随后右臂上举，从左向右、从头前向外滚肘格挡（图2-216），随后向前横向左右勾打（图2-217、图2-218）。

图2-216

图2-217 　　图2-218

要点：
①大捋方向都是走斜角。
②转身同时，后脚自然整体移动和转动。
③勾打时，身体重心可以前后移动。

作用：
防守反击，攻击头部。

第43式　踢打左伏虎

1. 右侧弹、左侧踹

接上势，重心移至左腿，右腿抬起向前侧弹踢（图2-219），随后向后（东南）落右腿，随即，抬左腿向前（西北）侧踹；同时，两臂回收至胸前成十字手，再向两侧横掌摆动，左手掌心向外，目视左手（图2-220、图2-221）。

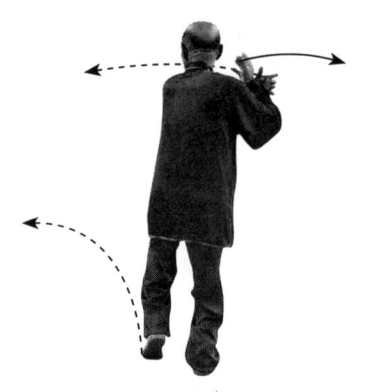

图2-219

图2-220　　　　　图2-221

2. 左打虎式

左脚下落成左弓步，双手变拳，分别向身内立圆划弧，左手先动，划圆一周后停至左额头上方；右手后动，划圆一周后停至左膝上方，身体面向西北，目视右后方（图2-222、图2-222附图）。

图2-222 　　　　　　　图2-222附图

要点：

①侧弹和侧踹，高度可高可低，向左侧弹腿，两臂向右摆动以提高速度，增加力度。

②侧弹要力达脚背，侧踹要力达脚跟。

作用：

①侧弹也叫边腿，高可击头，低可击腿。

②打虎式为左手拨挡，右手向下击打。

第44式　勾铲连环腿

接上势，上体后坐，左脚尖翘起，身体右转，面向东北，右拳上举，与左拳在额头左侧十字相交（左拳在外，两拳背相贴）（图2-223、图2-223附图）；左脚尖内扣，落地踏实，重心前移至左腿，右腿前伸屈膝回勾，随后用右脚侧面向下铲出（图2-224、图2-225）。

图2-223　　　　　图2-223附图

图2-224　　　　　图2-225

要点：
①勾挂时要起身成左独立式，铲腿时落身也是左独立式。
②两拳一直在左额上方不动。
作用：
勾脚铲小腿。

第45式 右、左单峰贯耳

1. 脑后摘盔扑地

接上势，右脚向后（西）落步，身体面东；同时，右拳变掌，掌心向上转臂绕至头后方，左拳变掌，收至胸前（图2-226）；左脚向后退步，双腿下蹲成高歇步；同时，右手收至头后方上托，经头上下落，掌心朝下，左手掌心朝下，向前穿出，随身体下蹲，双手扑出向地面，目视前方（图2-227、图2-228）。

图2-226

图2-227

图2-228

2. 右、左单峰贯耳

右脚向后（西南偏右）撤步，左脚内扣，重心移至右腿成右弓步；同时，身体右转，面向西南，左臂上举，从右向左、从头前向外滚肘格挡（图2-229），随后向前横向右、左勾打（图2-230、图2-231、图2-231附图）。

图2-229　　　　　　图2-230

图2-231　　　　　　图2-231附图

要点：

扑地时左手在前、右手在后，双手距离10厘米。

作用：

①摘盔和扑地动作是破解对方抓头发并反擒拿其肘关节。

②左、右贯耳是左、右勾打头部。

③勾打时，重心可以前后移动。

第46式　踢打右伏虎

1. 左膝顶、右侧踹

接上势，左臂回收，经胸前向左划弧至左身后，左腿抬起，用膝横顶（若顶不到，可变为左腿弹踢）（图2-232），随后左脚落地，右腿向前（西南）侧踹；同时，两臂回收在胸前成十字手，再向两侧横掌摆动，右手掌心向外，左手掌心向下，目视右手（图2-233、图2-234）。

图2-232

图2-233 　　　　图2-234

2. 右打虎式

右脚下落成右弓步，双手变拳分别向身内立圆划弧，右手先动，划圆一周后停至右额头上方，左手后动，划圆一周后停于右膝上方，面向西南，目视左前方（东南）（图2-235）。

图2-235

要点：
向前顶膝、左手向后摆动，形成合力。

作用：
①近膝顶，远侧踹。
②右手拨挡，左手向下栽捶击打。

第47式　后摆蹬连环腿

接上势，上体后坐，右脚尖翘起内扣；同时，身体左转面向东南，两拳面在右胸前相对，高与肩平（图2-236）；重心移至右腿，左腿提膝由右向左摆腿，然后向前方（东南）正踹（图2-237、图2-238）。

图2-236

图2-237　　　　　　　　图2-238

要点：

左摆腿是正东方向，腿可高可低；正踹腿是东南方向，必须是低腿。

作用：

连踢两个目标，正踹目标是膝关节。

第48式　连环捶

1. 指裆捶

接上势，左脚向左前（东北）落步，身体左转，面向东北，左腿前弓，右脚跟进半步，成左弓丁步；同时，右手立拳从右胯旁向前打出，左拳变掌手停至左膝外侧，掌心向外，目视前方（图2-239、图2-239附图）。

图2-239 　　　　　　　　图2-239附图

2. 双撞捶

重心后移，左脚撤回至右脚旁，成左丁步；同时，左掌变拳，两臂回收，两拳心向上在腹前端平（图2-240）；左腿向前上步，脚尖内扣使身体面向东，右脚向前并步下蹲震脚；同时，双拳向前撞击，目视前方（图2-241）。

图2-240 　　　　　　　　图2-241

要点：

①向前击打与跟步一定要同时进行。

②双撞捶时身体由东北转向正东，下蹲时不可过低，撞捶时，腰部要后撑以增加向前作用力。

作用：

攻击腹部。

第49式 双峰贯耳

1. 独立膝顶右蹬脚

接上势，两手腕交叉，由内向外转腕至双手拳心朝外（图2-242、图2-242附图）；右腿向上提膝，双拳再由外向内转腕至拳背朝下，随即，同时向下分开砸动（也叫脱扣）（图2-243），随后右脚向前直蹬；同时，双拳后拉，停至两胯旁（图2-244）。

图2-242　　　　　　图2-242附图

图2-243　　　　　　图2-244

2. 双峰贯耳

右腿回收提膝独立，两臂由后向前立圆划弧，在右膝前相交成十字手（图2-245）；右脚向前落步成右弓步，双拳拳眼向下；同时，从后向前，平摆勾打（图2-246、图2-246附图）。

图2-245

图2-246　　　　　　图2-246附图

要点：

①双拳下砸、右腿膝顶形成合劲。

②上步与贯耳同时到位，力达拳面。

③双拳距离10厘米左右。

作用：

转腕是破擒拿，蹬脚目标是腹部，勾打是击打耳门。

第50式　转身连环脚

1. 右歇步斜十字手

接上势，左腿上步，以两脚掌为轴向右转身90°面南，下蹲成右歇步；同时，两拳变掌向两侧立圆划弧，右手停至脸前，掌心向外，左手下抻，手心向内，成斜十字手（图2-247）。

图2-247

2. 十字蹬脚

身体右转90°面西，左腿提膝向前直蹬；同时，双手向左右分开，掌心向外（图2-248）。

图2-248

3. 转身踹蹬连环脚

左脚收回，脚尖内扣落在右脚前，身体向右转动面北（图2-249），随即，右脚掌与身体同时继续向右转动至面东，双手下落在胸前合成十字手；同时，抬右腿，向右侧踹，双手同时向左右分开，掌心向外（图2-250、图2-251）；右脚收回提膝独立，左手前抻，手心向下（图2-252）；右脚向前直蹬；同时，右手变拳，拳心向上从胸前穿出，左手回收，手心向下停至左胯旁，目视前方（图2-253）。

图2-249

图2-250 　　　　图2-251

第二章　三丰自然式活步太极拳109式

图2-252　　　　　　　图2-253

要点：

左脚内扣角度要大，便于转身；右蹬腿时，双手摆动以增加向前作用力。

作用：

腿击3个方向。

第51式　进步搂膝打捶

接上势，右腿收回，并步震脚；同时，左手前伸，右拳回收到腰的右侧，再随左弓丁步立拳向前打出，左手在左膝前顺时针划弧向外搂出（图2-254、图2-255）；右腿进步，右手回收至腰部；同时，左手在右膝前顺时针划弧向外搂出（图2-256）；左腿进步，左手再次在左膝前顺时针划弧向外搂出，掌心向下，停至胸前；同时，右拳从腰部随左前进步向前打出（拳眼向上），高与腹平，目视右拳（图2-257、图2-258）。

三丰自然式活步太极拳

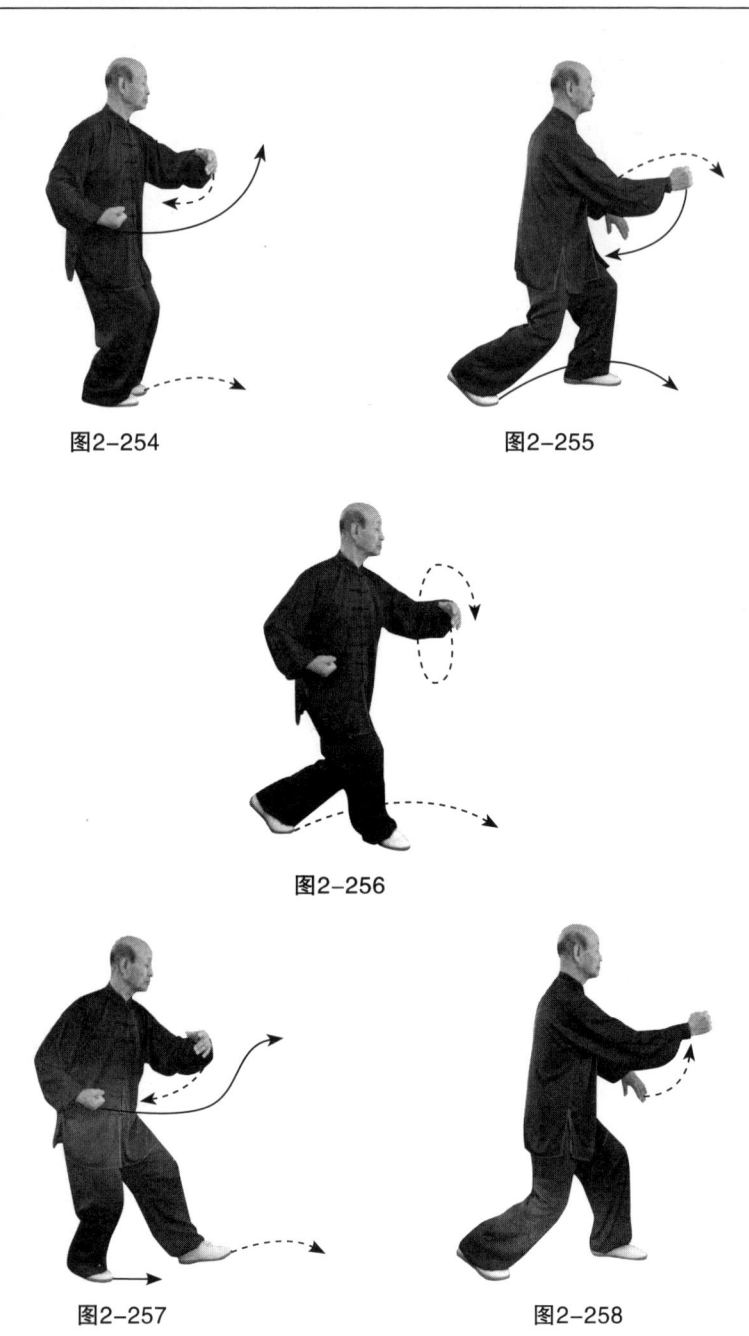

图2-254

图2-255

图2-256

图2-257

图2-258

要点：

第一次搂膝打拳后略有停顿，第二次与第三次搂膝要连续不停。

作用：

追击对手，击打身体腹部。

第52式　如封似闭

动作、要点、作用、图形与第11式相同（图略）。

第53式　滚球大捋

动作、要点、作用、图形与第12式相同（图略）。

第54式　上下十字手

动作、要点、作用、图形与第13式相同（图略）。

第55式　抱虎归山

动作、要点、作用、图形与第14式相同（图略）。

第56式 右揽雀尾

1. 双缠揽手按掌

接上势，转身推虎，面向东北，左肘尖顺时针划平圆；同时，右手托左肘，右肘逆时针划平圆；同时，左手托右肘；双手上举，在胸前成十字手（图2-259~图2-261、图2-261附图）；右腿前弓，双手外缠揽手（图2-262）；右腿和双手同时回收，再随右前进步按出（图2-263、图2-264）。

图2-259

图2-260

图2-261

图2-261附图

图2-262　　　　　　　　图2-263

图2-264

2. 左滚球大捋

上体后坐，右脚尖翘起，身体向左摆动；同时，双手上举（右手高、左手低）与头同高成抱球状，并随身体摆动，内旋上捋（图2-265）；右脚尖落地踏实，重心前移，双手逆时针在身体右侧划立圆一周，随后双手上举（右手高、左手低），随后，左后退步（西南）大捋（图2-266、图2-267）。

图2-265　　　　图2-266

图2-267

要点：

①双缠肘动作如下所述：左肘划圆时，右手心向左肘尖托肘后，从肘处顺左前臂外侧对拉滑动，使双手分开；右肘划圈后，左手心向右肘尖托肘后，从肘处顺右前臂外侧对拉滑动后，双手再向前揽手。

②双手滚球是自转，两臂立划圆是公转，要同时动作。

作用：

①双缠肘是反擒拿动作。

②揽雀尾是太极拳中掤、捋、挤、按四正手攻防动作。

③滚球是掤和捯的综合动作。

第57式　斜单鞭穿掌

动作、要点、作用、图形与第16式相同（图略）。

第58式　左右野马分鬃

接上势斜单鞭穿掌，两臂放松下落，随后，双手向右捯出，也可以先顺时针划立圆一周，再捯出（图2-268、图2-269）。

图2-268 　　　　　　图2-269

1. 右野马分鬃

左脚尖翘起外撇，落地踏实，重心移至左腿，右脚跟进至左脚内侧，脚尖点地；同时，身体左转面南，双手随转体左臂平屈胸前，手心向内；右臂略弯下垂，掌心向后，停至右膝外侧（图2-270）；右脚向后（西北）撤步；同时，右手移至左手下

147

面,形成抱球状(图2-271),重心慢慢移至右腿,左腿伸直成右弓步,身体转向西北;同时,双手随转体慢慢分开,右手高与眼平,掌心斜向上,左手落于左胯旁,掌心斜向下(图2-272)。

图2-270

图2-271

图2-272

2. 左野马分鬃

两臂放松下落,重心移至左腿,右脚尖翘起;同时,双手向左捯出(图2-273);右脚尖外撇落地踏实,重心移至右腿,左脚跟进至右脚内侧,脚尖点地;同时,身体右转面北,右臂平屈胸前，掌心向内；左臂略弯下垂，掌心向后，停至左膝外侧（图2-274）；左脚向后（西南）撤步；同时，左手移至右手下方，形成抱球状（图2-275、图2-275附图），重心慢慢移至左腿，右腿伸直成左弓步，身体转向西南；同时，双手随转体慢慢分开，左手高与眼平，手心斜向上，右手落于右胯旁，掌心斜向下（图2-276）。

图2-273

图2-274

图2-275

图2-275附图

图2-276

3. 右野马分鬃

动作同上，最后弓步面向西北（图2-277~图2-280）。

图2-277

图2-278

图2-279

图2-280

要点：

①向前迈步要走折形路线。

②臂平屈要向内拉动，和另一臂外靠的动作形成杠杆剪切合力。

③分掌时,向上的臂要有向外靠的意念。
④只要双手在同一方向,就要有抱球状。

作用:

擒住手腕,反拿肘关节,接着是靠摔。

第59式 左右迎面掌

1. 右歇步斜十字手

接上势,右转面向西北,右脚收回并脚尖外撇,下蹲成右歇步;同时,双手回收,在胸前交叉,右手停至脸前,手心向外,左手下抻,手心向内,成斜十字手,目视前方(图2-281)。

图2-281

2. 右迎面掌

左腿上步(西北),成左弓步,左手上架停至额头上方;同时,右手前推,腕与肩平,目视右手(图2-282)。

图2-282

3. 脑后摘盔献花

左手抻向脑后,手心上托再移至头前,并下按至胸前;右腿上步;同时,右手从胸前在左手背上向前穿出(手心向上),目视前方(图2-283、图2-284)。

图2-283

图2-284

4. 左迎面掌

上体后坐,两手腕相交叉,成十字手;双手向内转腕至手心向外,右腿前弓成右弓步;同时,右手上架,停至额头上方,左手前推(西北),腕与肩平,目视左手(图2-285、图2-286)。

图2-285

图2-286

要点：

右手上架与左手前推掌两肩要形成旋转之势，产生旋转力。

作用：

①迎面掌是攻击面部。

②摘盔是破解对方抓头反擒拿动作，或用辫子从后向前抽打的动作。

③转手腕是破解对方抓手腕反擒拿动作。

第60式 右揽雀尾

1. 双缠揽手按掌

接上势，上体后坐，右肘尖逆时针划平圆；同时，左手托右肘；左肘顺时针划平圆；同时，右手托左肘；双手上举，在胸前成十字手（图2-287~图2-289、图2-289附图）；右腿前弓，双手外缠揽手（图2-290）；重心后移，右腿和双手同时回收，再随右前进步按掌（图2-291、图2-292）。

图2-287　　　　　　图2-288

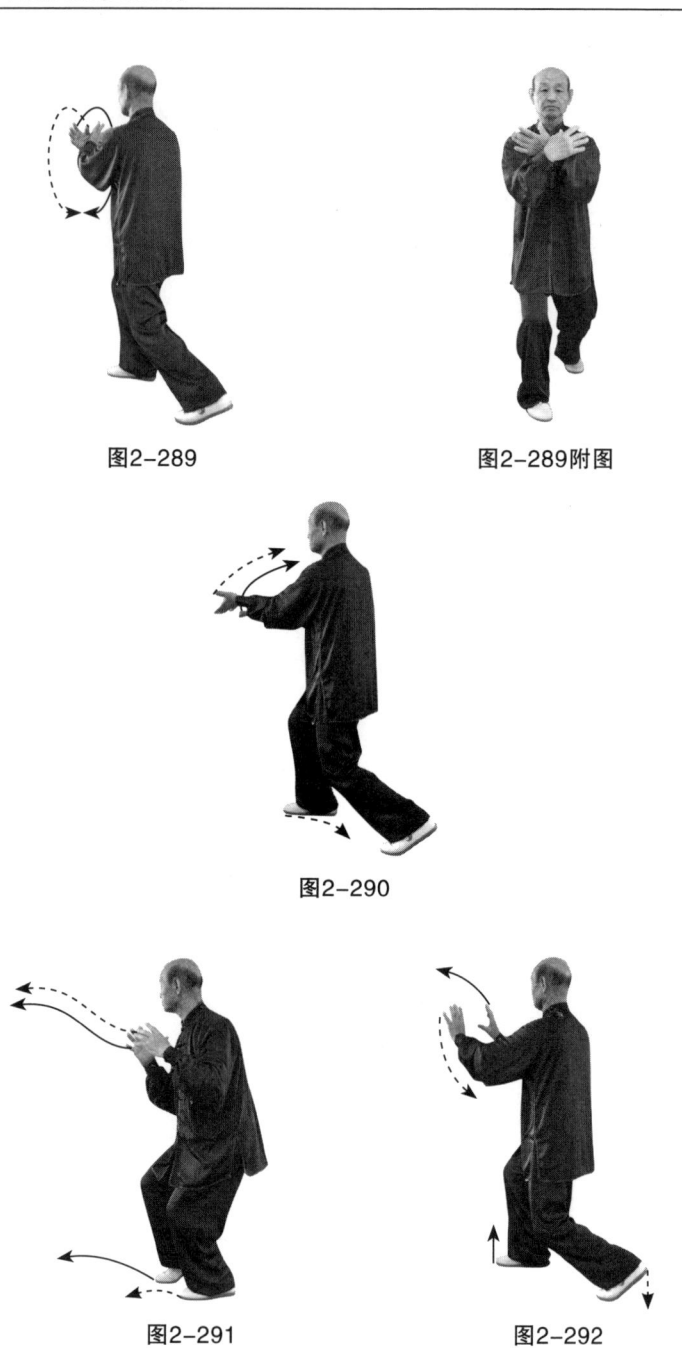

图2-289　　　　　　　　　图2-289附图

图2-290

图2-291　　　　　　　　　图2-292

2. 左滚球捋挤揽手按掌

上体后坐，右脚尖翘起内扣；同时，双手向左摆动掤滚，身体左转面西（图2-293）；右脚尖落地踏实，重心前移，双手逆时针在身前立圆滚动一周后双手上举（右手高、左手低），随后左后退步大捋，再随右前进步挤出（图2-294~图2-296）；双手外缠揽手（图2-297）；重心后移，双手和右脚同时回收，再随右前进步按掌（图2-298、图2-299）。

图2-293

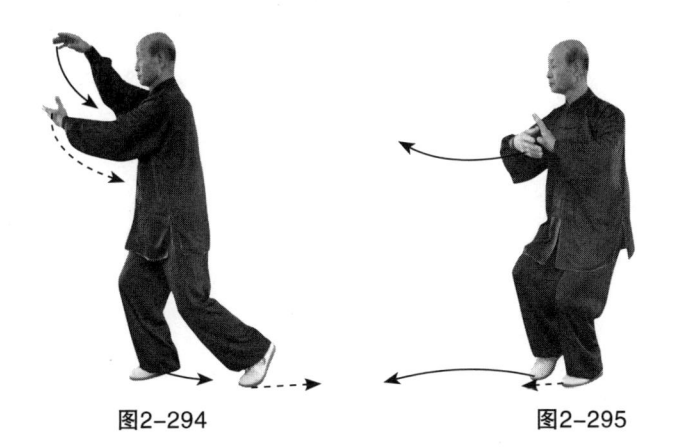

图2-294

图2-295

图2-296　　　　　　　　图2-297

图2-298　　　　　　　　图2-299

3. 左滚球大捋

上体后坐，右脚尖翘起（不内扣），身体向左摆动；同时，双手上举与头同高成抱球状，并随身体摆动，内旋上捋（图2-300）；右脚尖落地踏实，重心前移，双手逆时针在身体右侧划圆一周后双手上举（右手高、左手低），随后左退步大捋（图2-301、图2-302）。

图2-300　　　　　　　　图2-301

图2-302

要点、作用与与第56式相同。

第61式　左单鞭

动作、要点、作用、图形与第29式相同（图略）。

157

第62式 提手上势

接上势单鞭，上体后坐，左脚尖翘起内扣，身体由面东转向面南；同时，左手下落左膝前（图2-303）；重心移至左腿，右手变掌下落，左手同时上举，随后右腿上步（南）成右虚步；同时，右手由下向上挑起，与头同高，掌心向左，左手下落至右肘里侧，掌心斜向下（图2-304）。

图2-303　　　　　　图2-304

要点：
①双手一上一下形成反关节合力。
②左脚内扣要大，便于转身。
③提手与上步同时进行。
作用：
防守动作和反肘关节拿法。

第63式 玉女穿梭

左右玉女穿梭（四斜角）

1. 穿梭斜角1（西南）

右前臂竖起，向右格挡再向左拨挡（图2-305、图2-306）；身体右转面向西南，随后，左手随右前进步向前推出；同时，右手上举，掌心斜向上，置于右额前（图2-307）。

图2-305

图2-306   图2-307

2. 穿梭斜角2（东南）

左脚收至右脚内侧，成左丁步；同时，右手落至右胯旁，手心向上，左手上举，手心向内，停至右肩前（图2-308）；身体左转，面向东南，随后右手随左前进步向前推出；同时，左手上举，掌心斜向上，置于左额前（图2-309）。

图2-308　　　　　　　　图2-309

3. 脑后摘盔扑地

上体后坐，左脚尖翘起，双手翻转使掌心向内，身体右转，面向西南（图2-310），左脚落地踏实；同时，右手向左肩穿掌，左手落至右肋旁（图2-311）；右脚向后退步，身体右转面西；同时，右手掌心向上绕至头后方（图2-312）；左脚退步下蹲成右歇步；同时，右手上托经头顶，再向下落至腹前，左手从胸部向前穿出，随后，两掌心向下，同时扑向地面（图2-313、图2-313附图）。

图2-310

图2-311　　　　　　　　　　图2-312

图2-313　　　　　　　　　　图2-313附图

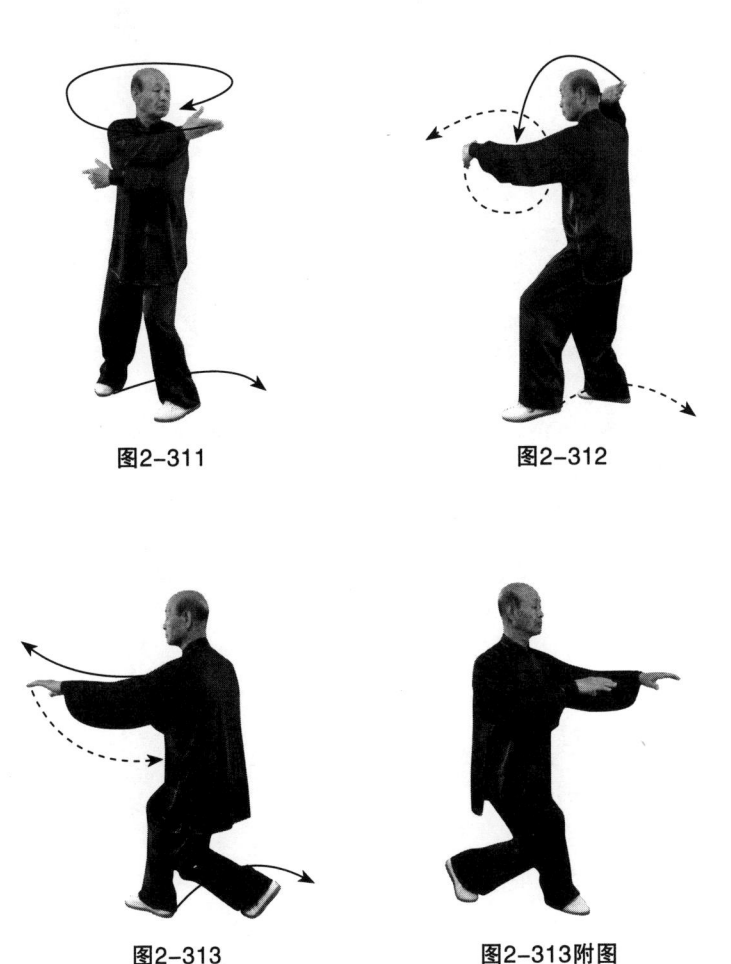

4. 穿梭斜角3（东北）

右脚向后方（偏右）撤步；同时，双手翻转，掌心向上，右手前抻，左手回收至左胯旁，掌心向下（图2-314）；身体右转，面向东北，随后左手随右前进步向前推出；同时，右手上举，掌心斜向上，置于右额前（图2-315）。

图2-314　　　　　　　图2-315

5. 穿梭斜角4（西北）

左脚收至右脚内侧，成左丁步；同时，右手落至右胯旁，手心向上，左手上举在右肩前，手心向内（图2-316、图2-316附图）；身体左转，面向西北，随后，右手随左前进步向前推出；同时，左手向上举起，掌心斜向上，置于左额前（图2-317）。

图2-316

图2-316附图　　　　图2-317

6. 脑后摘盔扑地

上体后座，左脚尖翘起，双手翻转掌心向内，身体右转面向东北（图2-318）；左脚落地踏实；同时，右手向左肩穿掌，左手落至右肋旁（图2-319、图2-319附图）；右脚向后退步，身体右转面东；同时，右手掌心向上绕至头后方（图2-320）；左脚退步下蹲成歇步；同时，右手上托经头顶，再向下落至腹前，左手从胸部向前穿出，随后两掌心向下，同时扑向地面（图2-321）

图2-318　　　　图2-319　　　　图2-319附图

图2-320　　　　图2-321

要点：

方向要正确，穿梭是四个角，两个摘盔扑地是先向西后向东。

作用：

①四个方向的迎面掌攻击。

②两个护头的擒拿动作。

③摘盔作用同第45式。

第64式　连环捶

1. 指裆捶

接上式，以两脚掌为轴，向左转动，面向西北；右手变拳随左前进步从腰侧向前打出，高与腹平，拳眼向上；同时，左手向左膝外搂过，掌心向下，停至左膝旁，目视前方（图2-322、图2-323）。

图2-322　　　　　　　图2-323

2. 歇步栽捶

重心后移至右腿，左腿回撤，脚尖点地，右拳回收上举，与肩同高；随后，左脚尖外撇，下蹲成左歇步；同时，右手拳心向内，向下方打出，左手同时上提，停至左胸外侧，拳心向上，目视下方（图2-324、图2-325）。

图2-324　　　　　图2-325

3. 弓步撩捶

右脚上步成右弓步，右拳上撩，左手托在右肘下（图2-326）。

图2-326

要点：

转动要稳，方向要正确，上下协调一致，同时到位。

作用：

攻击腹部再向下攻击。

第65式　右揽雀尾

动作、要点、作用与第60式相同（图略）。

第66式　左单鞭

动作、要点、作用与第29式相同（图略）。

第67式　云手

扫码看67~109式视频

接上势单鞭，上体后座，左脚尖内扣，成开立步，身体右转面南；同时，左手经腹前向右上划弧至右肩前，手心斜向上，目视右手（图2-327）。

图2-327

1. 云手1

上体慢慢左转，身体重心逐渐左移，右脚慢慢靠近左脚，成小立开步，右手变掌，由右经腹前向左上划弧至左肩前，手心斜向上；同时，左手由右经脸前向左侧格挡运转，手心逐渐翻转向左，目视左手（图2-328）；上体慢慢右转，左手由左经腹前向右上划弧至右肩前，手心斜向上；同时，右手由左经脸前向右侧格挡运转，手心逐渐翻转向右，目视右手（图2-329）。

图2-328 　　　　　　　图2-329

2. 云手2

左腿向左横跨一步，成大开立步，上体慢慢左转，身体重心逐渐左移，右脚慢慢靠近左脚，成小开立步。随后动作与云手1完全相同（图2-330~图2-332）。

图2-330

图2-331　　　　　　图2-332

3. 云手3
动作同云手2。

注：共做6次左右云手，3次小开立步，2次大开立步。

要点：
动作不要忽高忽低，要两臂随腰转而摆动，速度要缓慢均匀，手指与眼同高。

作用：
拨挡防守。

第68式　左单鞭

接上势，上体左转，身体面东，左脚向前方（偏左）上步，并慢慢前弓成左弓步；同时，左手随转体翻掌，向前（东）拍掌（也可以前推），右手同时后展变勾手，目视左手（图2-333）。

第二章　三丰自然式活步太极拳109式

要点：

拍掌时，臂要略有上弧形向前甩动，与左腿前弓同时进行。

作用：

甩拍击打，或推打。

图2-333

第69式　左下势独立

接上势，左手掌外缠至手心向上（图2-334）；重心后移，左腿挺直；同时，左手由上向后划弧，收至右肩前，掌心向右（图2-335）；右腿屈膝下蹲，成左扑步；同时，左掌向下、向前由左腿内侧穿出（图2-336）；左腿前弓，右腿向上提膝，成左独立式；同时，右手随之从下向上挑起，掌心向左，手指与眼同高，左手收至左胯旁，掌心向下，身体向东，目视前方（图2-337、图2-337附图）。

图2-334 　　　　　　　　图2-335

图2-336

图2-337 　　　　　　　　图2-337附图

要点：
①左手划弧回收与前穿形成一个顺时针立圆。
②眼要随左手运行路线转动，最后向前看。
作用：
擒手、穿击、右膝顶。

第70式 左饿虎扑食

接上势，右脚前迈落地，重心移至右腿，左手前伸与右手腕交叉，左手在上，两掌心向下（图2-338）；双手分开；左腿向上提膝；同时，双手抓握向下拉动（图2-339）；双手变掌抬至肩前，再向左前进步扑出，两臂微屈，腕与肩平，身体面东，目视前方（图2-340）。

图2-338

图2-339

图2-340

要点：

①双手下拉与提膝形成合力。

②扑出时，进步与推掌要同时进行。

作用：

左膝顶、推打。

第71式　右揽雀尾

1. 左掤滚将挤揽手

接上势，双手向左摆动掤滚（图2-341）；逆时针在身前立圆滚动一周，重心后移至右腿，左腿抬起，向后（西）下步；同时，双手（右手高、左手低）成抱球状上举，在随左后退步，向后大将（图2-342、图2-343）；双手再随右前进步挤出（图2-344、图2-344附图）；双手外缠揽手（图2-345）；重心后移，右脚回撤成右丁虚步；同时，双手回收至胸前，随后，再向右前进步按出（图2-346、图2-347）。

图2-341　　　　　　　图2-342

第二章 三丰自然式活步太极拳109式

图2-343

图2-344

图2-344附图

图2-345

图2-346

图2-347

173

2. 左滚球大捋

上体后座，右脚尖翘起内扣，身体左转，面向东北；同时，双手上举，与头同高，成抱球状，并随身体左转内旋上捋（图2-348）；右脚尖落地踏实，重心前移至右腿；同时，双手逆时针在身体右侧立圆滚动一周，随后双手上举（右手高、左手低）；同时，向左后退步（西南）大捋（图2-349、图2-350）。

图2-348

图2-349

图2-350

要点：

①左掤滚是前掤和左挒两个力的综合动作。

②滚球时，双手逆时针自转与双臂逆时针公转要同时进行。

作用：

掤、捋、挤、按四正手法。

第72式　金鸡展翅

接上势，双手继续向后立圆划弧一周，当下落至胸前时，双手交叉成十字手（左手在外），重心移至两腿之间，腰向右转，随后腰向左回转；同时，双手向左右两侧（西南和东北）横掌打出，两腿同时下蹲成马步，身体面向西北，目视左掌（图2-351、图2-352、图3-352附图）。

图2-351

图2-352 　　　　　图2-352附图

要点：
横掌打出时，与腰左转同时进行。
作用：
击打肋部。

第73式 右单鞭

接上势，左手在体前逆时针划弧一周，摆至左侧时变勾手，右手顺时针向下划弧至左肩前，手心斜向上；同时，重心移到左腿，右脚回收，脚尖点地成右丁步（图2-353、图2-353附图）；身体右转面东，右脚向前（偏右）上步，成右弓步；同时，右掌随上体右转，慢慢翻腕，向前甩拍（也可以前推），目视右手（图2-354）。

图2-353 　　　　　　　图2-353附图

图2-354

要点、作用与第68式左单鞭相同。

第74式　右下势飞膝独立

接上势，右手掌向外缠腕至手心向上（图2-355）；重心后移，右腿挺直；同时，右手向后划弧，收至左肩前，掌心向左（图2-356）；左腿屈膝下蹲；同时，右掌向下、向前顺右腿内侧穿出（图2-357）；右腿前弓，左勾手下落至身后，并转腕使勾尖朝上，右手上举至与肩同高（图2-358）；左腿从后向前抬起，右脚蹬地跳起腾空，右膝上顶（图-359）；左腿落地、右腿提膝成独立式；同时，左手变掌从后向前挑起，手指与眼同高，手心向右，右手回收至右胯旁，掌心向下，目视前方（图2-360）。

图2-355　　　　　　　　　　图2-356

图2-357　　　　　　　图2-358

图2-359　　　　　　　图2-360

要点：

①身体下蹲与右掌划弧前穿，形成一个逆时针立圆。

②飞膝的跳起动作如同飞脚，只是不向前弹腿，落地独立要站稳。

③眼要随右手运行路线转动，最后向前看。

作用：

擒手、穿击、跳起右膝顶。

第75式　右饿虎扑食

接上势，右脚向前迈步；同时，双手向右前推掌，两臂微屈，腕与肩平，身体面东，目视前方（图2-361）。

要点：

扑出时，进步与推掌要同时进行。

作用：

推打。

图2-361

第76式　金鸡独立

1. 退步右滚球大捋

接上势，双手向右摆动掤滚（图2-362）；重心后移至左腿，双手顺时针在身前立圆滚动一周，随后双手上举（左手高、右手低）；同时，右脚向后落步，脚尖点地，向右后退步（西）大捋（图2-363、图2-364）。

图2-362

图2-363　　　　　　　　图2-364

2. 独立勾挂推掌

左腿提膝，脚跟回勾；同时，双手由右肩前，向前推出，形成右独立式（左手在前、右手在后，相距20厘米），身体面东，目视前方（图2-365）。

图2-365

要点：

右腿独立站稳，脚勾、手推形成翻转力。

作用：

钩下推上，是一种摔法。

第77式　左右倒撵猴

接上势，右手下落，经腹前向后划弧，上举至头后方，掌心向前；同时，左手回收至右肩前，掌心斜向后（图2-366）；左手在左膝前向外划弧搂膝，并从下向前穿出，掌心向上，随后，右手前伸至左臂内侧（图2-367、图2-368）。

图2-366

图2-367

图2-368

1. 左倒撵猴与第18式相同（图2-369）。
2. 右倒撵猴与第18式相同（图2-370、图2-371）。

图2-369

图2-370 　　　　　　图2-371

3. 左倒撵猴与第18式相同（图2-372、图2-373）。
要点、作用与第18式相同。

图2-372　　　　　　　　图2-373

第78式　右揽雀尾

1. 转身板打

接上势，右脚收向左脚后（西）倒插步，左手向上卷收，右手向下卷收，双手交叉在身体右侧成斜十字手（图2-374）；左脚尖翘起，向后内扣，右脚以脚掌为轴；同时，向右转体，使身体面西，右脚抬起以弓箭步向前进步，右手由下经胸前用手背向前扳打，左手同时回拉至腹前（图2-375）。

图2-374　　　　　　　　　图2-375

2. 左捋挤揽手按掌

与第3式左捋挤揽手按掌相同（图2-376~图2-381、图2-378附图）。

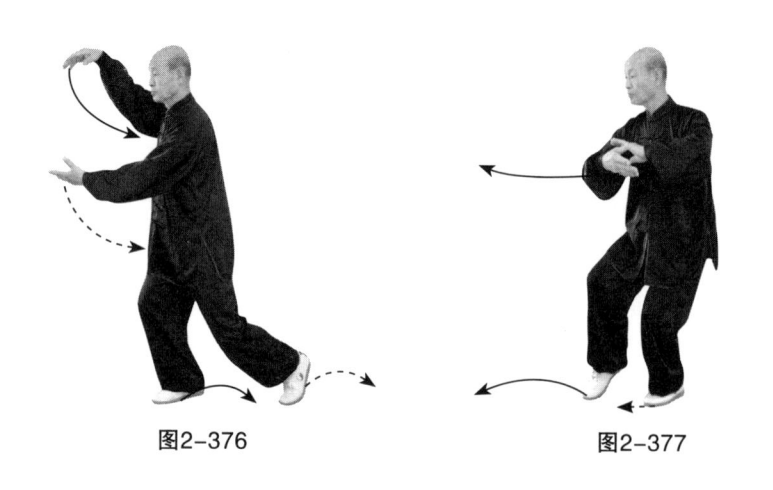

图2-376　　　　　　　　　图2-377

第二章 三丰自然式活步太极拳109式

图2-378 　　　　　　　　图2-378附图

图2-379

图2-380 　　　　　　　　图2-381

185

3. 左滚球大捋

与第3式左滚球大捋相同（图2-382~图2-384）。

图2-382

图2-383

图2-384

要点：

①左脚内扣要大，便于转体，重心先向后移动至右腿，转身后再移到左腿。

②右腿上步时左手要前伸有抓握意念。

③反打时右手向前，左手向后，形成对拉劲，增大向前作用力。

作用：

反背掌击面。

第79式　斜单鞭

动作、要点、作用与第4式相同（图略）。

第80式　回身提手

动作、要点、作用与第5式相同（图略）。

第81式　捞月亮翅

动作、要点、作用与第6式相同（图略）。

第82式　手挥琵琶

动作、要点、作用与第7式相同（图略）。

第83式　左右搂膝拗步

动作、要点、作用与第8式相同（图略）。

第84式　手挥琵琶

动作、要点、作用与第9式相同（图略）。

第85式 海底针

1. 进步连环掌

接上势手挥琵琶，面东，左脚回收，脚尖点地成左丁步；同时，右手回收到头后部（手心向后）（图2-385）；左脚上步；同时，右手在从头上向前甩臂劈掌（图2-386、图2-386附图）；右脚进步，左手向前穿出，右掌回收至右肋旁（图2-387）。

图2-385

图2-386

图2-386附图

图2-387

2. 海底针

左脚进步成左虚步；同时，右手上举，掌心向左，由耳旁向斜下方插出，左手向上收至左胯旁（也可以收至脸右侧），掌心向下（图2-388、图2-388附图）。

图2-388 　　　　　　　图2-388附图

要点：

①左脚、右掌回收时，左手不要动，右手抻到头后部时，掌背要贴头。

②上三步进三掌，上下肢要交叉进行，要协调一致。

③海底针要躬，右手斜插要离地30厘米左右。

作用：

同第22式。

第86式　闪通臂

接上势，左腿向前上半步，成左弓步，左手由胸前向前立掌推出，右手向上屈臂上架，停至额前上方，手心斜向上，身体面东（图2-389）。

要点：

左手前推，右手上架，使双手形成对拉劲可以增大向前作用力。

作用：

架防推打。

图2-389

第87式 退踹撒身捶

接上势，身体后坐，重心后移成左虚步，左手上架于头上方；同时，右手横掌向前撑出（图2-390）；以两脚掌为轴从右向后转，由面东转向面西，右手随转身握拳向右后抢打，形成鞭拳（图2-391）；右腿回撤半步，脚尖点地；同时，左手横掌下落至胸前，右拳收至腰间（图2-392、图2-392附图）；右腿后退半步（西），左脚抬起向后侧踹（东）；同时，左手随腿向后摆动，右拳向前打出（图2-393）。

图2-390

图2-391　　　　　　　图2-392

图2-392附图　　　　　图2-393

要点：

鞭拳要以身带臂抡打，右手前打、左腿后踹，要同时进行、协调一致，方向是打拳向西，脚踹向东。

作用：

脚法是退步防守反击、踹膝关节，拳法是鞭拳加直拳。

第88式 左独立三连腿

1. 后撩

左脚向右脚后插步（北），身体面南，右前臂向内滚肘拨挡，左手回收，停至右胸前（图2-394）；重心后移至左腿，右腿向后撩踢；同时，双手前后分开，手心都向外，目视后腿（图2-395）。

图2-394

图2-395

2. 前蹬

右腿回收，随之向前（南）直蹬；同时，右手拳心向上，向前穿出，左手回收，掌心向下，停至右肘下方，目视前方（图2-396）。

图2-396

3. 侧踹

右腿外摆；同时，右臂随腿顺时针外摆，左臂逆时针外摆（图2-397）；右腿收回提膝，右拳和左掌在胸前交叉（图2-398）；右腿向右（西）侧踹；同时，双手向两侧分开，手心向外，目视右手（图2-399）。

图2-397 　　　　　　图2-398

图2-399

要点：

左腿一直独立，身体面南，腿可高可低，随自己的意愿。

作用：

3种不同腿法踢三方。

第89式 进步搂膝打捶

接上势，右脚回收，脚尖点地成右丁步，双腿下蹲，右手在右脚外侧由后向前弧形捞起，左手下落至左胯旁（图2-400）；身体右转面西，右腿向前上步，左腿进步，左手在左膝前，顺时针划弧向外搂出；同时，右手变拳从腰际随左弓丁步，向前打出（图2-401~图2-403、图2-401附图）；右腿进步，右手回收至腰部；同时，左手在右膝前，顺时针划弧向外搂出（图2-404）；左腿进步，左手再次在左膝前，顺时针划弧向外搂出，停至左膝外侧；同时，右拳从腰际随左前进步向前打出（拳眼向上），高与腹平，目视右拳（图2-405、图2-406）。

图2-400

图2-401 　　　　　图2-401附图

图2-402  　　　　　　图2-403

图2-404  　　　　　　图2-405

图2-406

要点：

收腿下捞要同时进行，打捶时注意送胯和转腰形成旋转力。

作用：

捞腿上步追打，是连续进攻动作。

第90式　臂合手

动作、要点、作用与第27相同（图略）。

第91式　滚球大捋

动作、要点、作用与第28式相同（图略）。

第92式　左单鞭

动作、要点、作用与第29式相同（图略）。

第93式　云手砍掌

接上势左单鞭，重心移至右腿，身体慢慢右转面南，左脚尖内扣，左手经腹前向右上划弧，至右肋前，掌心斜向上，目视右手（图2-407）。

图2-407

1. 云手右砍掌1

上体慢慢左转，重心逐渐左移，右脚靠向左脚成小开立步，身体左转；同时，左手由右经脸前向左格挡运转，掌心逐渐翻转向左，右手由下经腹前向左上划弧至左肩旁，掌心斜向上，目视左手（图2-408）。

上体右转，左手由左经腹前停至右肋旁，掌心斜向上，右手由左经脸前向右格挡运转，到右肩后，上体左转使右臂返回向左格挡运转；上体再次右转，右手向右后横掌砍出，掌与肩同高（图2-409~图2-411）。

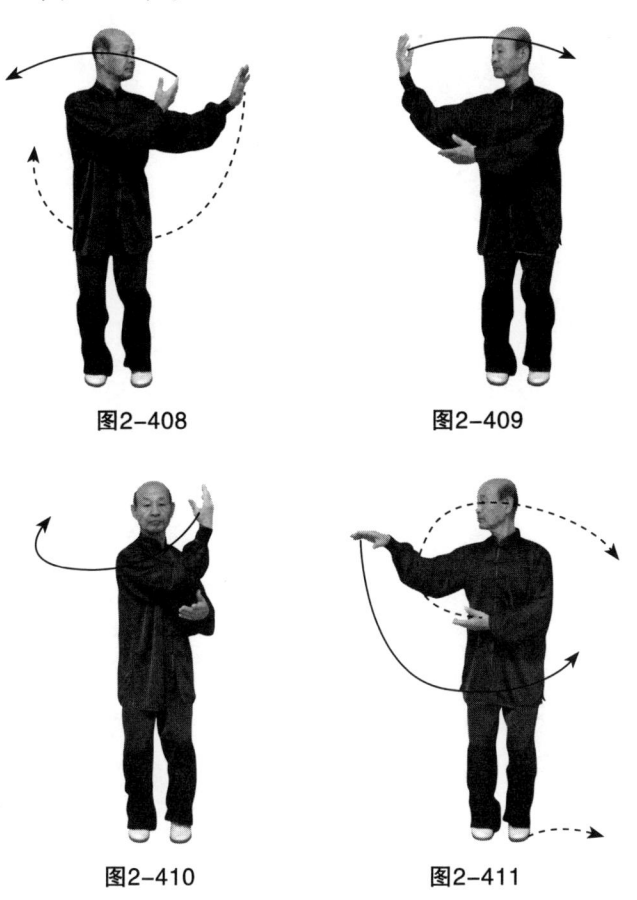

图2-408

图2-409

图2-410

图2-411

2. 云手左砍掌2

左脚向左横跨一步，成开立步；同时，右手由右经腹前停至左肋旁，手心斜向上，左手由脸前向左格挡运转，上体右转使左臂返回向右格挡运转，上体再次左转，左手向左后横掌砍出，掌与肩同高（图2-412~图2-414）。

以上动作，左右共做4次砍掌，4次大、小开立步，当最后向左后横砍时左脚尖外撇，身体转向东（图2-415）。

图2-412　　　　　　　　图2-413

图2-414　　　　　　　　图2-415

要点：
以腰带手，砍掌时，力达掌外沿，眼随上手左右转动。
作用：
左右、上下格挡防守，再向左右侧攻击颈部。

第94式 左单鞭穿掌

1. 上步翻球

接上势，右腿向前盖步（东）；同时，双手逆时针在胸前翻转划弧，使右手在上，左手在下，在胸前抱球（图2-416）。

图2-416

2. 上步单鞭穿掌

左脚上步成左弓步；同时，左手心朝上向前穿掌，右手向侧后方抻出变勾手（图2-417）。

图2-417

要点：

盖步与翻球、前弓与穿掌，要同时到位，协调一致。

作用：

擒拿头颈，攻击面部。

第95式 高探马

动作说明、要点、作用与第32式相同（图略）。

第96式 左摆莲腿

1. 左穿掌

接上势，左脚上步，重心前移，成左弓步，右手下按，左手上穿（图2-418）。

图2-418

2. 转身左摆莲

重心后移，以两脚跟为轴，向右转体面西；同时，两手腕交叉在胸前成十字手（图2-419）；左腿向左摆腿，随之，向后（东）落脚，成右弓步；同时，双手从头上向两侧下劈，力达掌外沿，两臂与胸同高（图2-420、图2-421）。

图2-419 　　　　　　图2-420

图2-421

要点：

左脚落步与双手下劈同时进行。

作用：

击脸、摆踢，再下劈掌是前后攻防动作。

第97式　进步栽捶

1. 左搂膝拗步

接上势，上体后坐，右腿回收，脚尖外撇；同时，右掌下落右肋旁，掌心向上，左手经脸前向右拨挡（图2-422）；重心前移至右腿,右手向后划弧,屈肘至右耳后,左腿向前提起进步(图2-423),右手通过耳侧,随左前进步向前推出;同时,左手在左膝前向外搂出,掌心向下,停至左膝旁(图2-424)。

图2-422

图2-423

图2-424

2. 进步栽捶

重心后移,左脚尖翘起外撇,上体左转;同时,右手外旋至掌心向上(图2-425);左脚掌慢慢落地踏实,重心逐渐前移至左腿；同时，左掌由下向后划弧，至头后方，右手回收向左拨挡，至左胸前（图2-426）；右腿向前进步；同时，右掌由胸前向右下拨挡，左手由后向前划弧至头前（图2-427）；左脚进步；同时，左手向下扑打，右手变拳上提，举至右肩前（图2-428）；身体前倾，右手向下栽捶，至左膝前，左手同时向上回收至左腹前，目视下方（图2-429）。

图2-425

图2-426

图2-427

图2-428

要点：

左手向前扑打时，需要连上两步（先右后左），要手脚配合协调，扑打时离地30厘米左右，右手下栽、左手回拉，要有旋转力。

用法：

向下拍击，再向下勾打。

图2-429

第98式 左揽雀尾

1. 上步撇打

接上势，右脚向前上步；同时，左手上托右手腕，以右拳背向前撇打（图2-430、图2-431）。

图2-430　　　　　图2-431

2. 退步右滚球捋挤揽手

双手翻掌，掌心向前；同时，向右摆动掤滚（图2-432）；右腿退步；同时，双手顺时针在体前立圆滚动一周，随后双手上举（左手高、右手低），向右后退步大捋（图2-433、图2-434）；再向左前进步挤出（图2-435）；双手外缠揽手（图2-436）。

图2-432

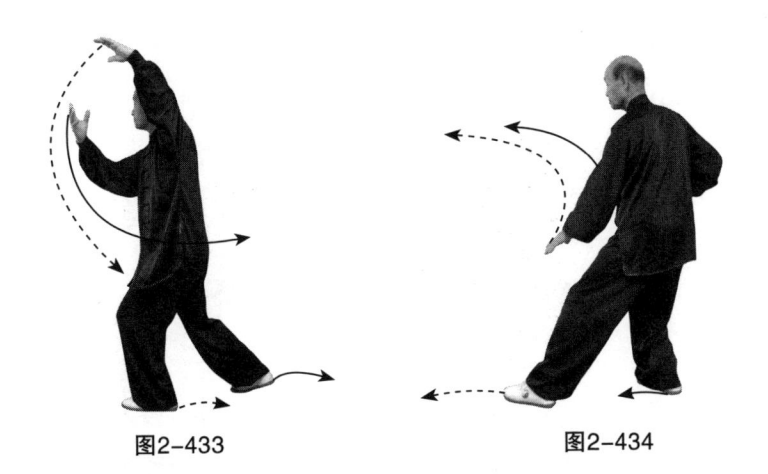

图2-433　　　　　　　　图2-434

图2-435　　　　　　　　图2-436

3. 进步左滚球斜大捋

重心后移，双手收至胸前；同时左腿回撤成左丁虚步（图2-437、图2-437附图）；左腿先向前上步，随即右腿再上步成右弓箭步；同时，双手向前推出（图2-438）；上体后坐，右脚尖翘起内扣，身体左转面向西南；同时，双手上举，与头同高，成抱球状，并随身体转动，内旋上捋（图2-439）；右脚尖落地踏实，重心前移至右腿，左脚抬起向后（东北）下步；同时，双手在体前，逆时针划立圆滚动一周，随后，双手上举（右手高、左手低），向左后退步大捋（图2-440、图2-441）。

图2-437　　　　　　　　图2-437附图

图2-438　　　　　　　　图2-439

图2-440　　　　　　　　图2-441

要点：

①箭步前推时，左脚要先上一步。

②前推时要形成一个整劲。

③上步撇打时，要拳到脚到。

作用：

撇打击面和左脚在前的掤、捋、挤、按的四正手劲力和动作。

第99式　斜单鞭

动作、要点、作用与第4式相同（图略）。

第100式　上步七星

接上势单鞭推掌，身体面向东北，左手掌外缠至掌心向上（图2-442）；上体后坐，左腿挺直，左手由前经脸向后划弧（图2-443）；右腿屈膝下蹲，成左扑步；同时，左掌向下、向前顺左腿内侧穿出（图2-444）；左腿前弓起身；右腿向前上步，脚尖点地成右虚步，右手随之从下向上挑起，手臂微屈，手指与眼同高，左掌收至右肘内侧，目视前方（图2-445）。

图2-442　　　　　　图2-443

图2-444　　　　　　　图2-445

要点：
左腿前弓与左手穿掌、上步与挑掌都要协调一致。
作用：
缠腕为擒手，右手是向上挑打和擒拿。

第101式　退步跨虎

接上势，右前臂向右格挡再向左拨挡（图2-446、图2-447）；右腿向左脚后（南）退步，身体左转面北，双手在胸前相交成十字手（左手在外），同时向下翻转（同图2-285），使手心向外（图2-448、图2-448附图）；随后左脚向右脚前盖步，身体稍右转；同时，右手由脸前上架，手心斜向上停至额前，左手从胸前向前（北）横掌撑出，目视左手（图2-449、图2-449附图）。

图2-446　　　　　图2-447　　　　　图2-448

图2-448附图　　　图2-449　　　　　图2-449附图

要点：

左右滚肘要与腰胯一起转动。

作用：

格挡防守和架打。

第102式 转身摆莲

1. 转身立马观碑

接上势，以两脚掌为轴，身体右转面南；同时，左手随转体经头顶向前拍掌，右手随转体手背向下划弧，收至右肋旁（掌心向上）（图2-450）；随后左腿提膝，向前弹踢；同时，左手回收停至左胯旁，成右独立式，右手掌心朝上向前穿出（图2-451）。

图2-450 　　　　　　图2-451

2. 转身仙人指路

左脚收回提膝，以右脚掌为轴，向右转90°，身体由南转向西（图2-452）；左脚向前落步；同时，左手向前穿出，掌心向上，右手回收至左肘下，掌心朝上（也可朝下）（图2-453）。

图2-452 　　　　　　　　　图2-453

3. 转身右摆莲

上体后坐，左脚尖翘起内扣，向右转身面东，右脚尖点地成右虚步；同时，左手回收至头后方（图2-454）；左手上托经头顶停至右肩前，右手从左经脸部向右（东）拍击，手指与眼同高，手心向外（图2-455）；随后，重心移至右腿，左手在右肘尖缠肘（图2-456）；双手上举，左脚进步，右脚面绷直（也可勾起）由左向右上方摆出；同时，双手依次在头前，由右向左击拍脚面（图2-457~图2-459）。

图2-454 　　　　　　　　　图2-455

第二章　三丰自然式活步太极拳109式

图2-456　　　　　　　　图2-457

图2-458　　　　　　　　图2-459

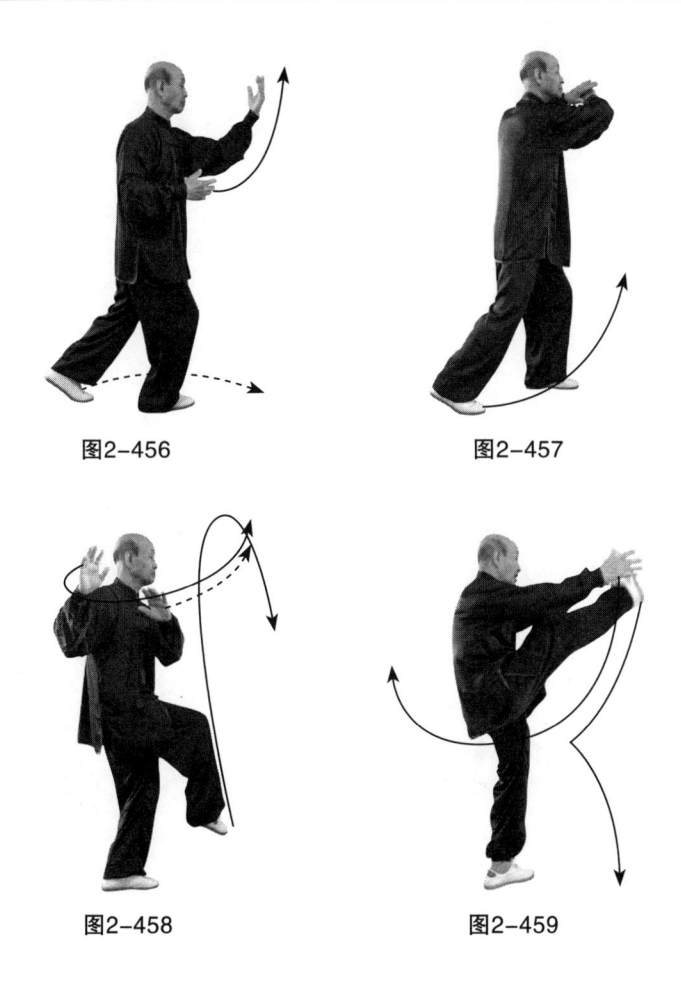

要点：

①3次转身依次是南、西、东3个方向。

②弹腿与右穿掌同时动作，上步与缠肘同时动作，都要自然协调一致。

③摆莲幅度要大，拍脚时手不触脚也可以。

作用：

穿脸、踢裆、转身迎面掌和摆踢，三面攻防。

第103式 弯弓射虎

接上势，右脚向前方（偏右）落步，成右弓步，双手变拳，由左经体前向右后方弧形摆动，随后右拳由后向前弧形摆打，拳心向外，与头同高；同时，左拳向前打出，拳心向下，与胸同高，身体面东，目视前方（图2-460、图2-461）。

图2-460 　　　　　　　　图2-461

要点：
①眼睛随着拳的摆动先向右看再向左看。
②弓步方向为东南，左拳打出方向为东北，两臂要保持半圆形。

作用：
下防守后，右手摆拳击头，左手直拳击胸。

第104式　箭步迎面拳

1. 金蝉扑地

接上势，重心移至左腿，右腿回收提膝，随即向右前方（东南）绕步，右脚尖外撇落地踏实，身体随之右转面南，左腿跟至右脚后方；同时，双手由身体左侧上举，左手前抻，掌心向下（图2-462、图2-463）；双腿屈膝下蹲成右歇步；同时，左手向下扑出，右手同时外缠，掌心向上，回收至胸前，目视前方（图2-464）。

图2-462

图2-463 　　　　图2-464

2. 转身箭步迎面拳

以两脚掌为轴，向左转身270°，面向正西，右手握拳以左弓箭步向前打出，左手同时上抬，停至脸前（也可上架到头顶上方），目视前方（图2-465、图2-466）。

图2-465 　　　　　　图2-466

要点：
①绕步成半圆形。
②右手回收时要手掌外缠，使手心向上。
③双手前后成一直线。
④向前跃步距离要大。

作用：
擒拿手臂，转身打迎击拳。

第105式 右揽雀尾

1. 退步向上捋挤揽手按掌

接上势,重心后移,上体稍右转,双手向右上捋;左脚撤步,上体稍左转,双手向左上捋;右脚先稍回收,随后,双手随右前进步向前挤出（图2-467~图2-469）；双手外缠揽手（图2-470）；重心后移,右脚回收成丁虚步；同时,双手回收至胸前,随后向右前进步向前推出,目视前方（图2-471、图2-472）。

图2-467

图2-468 　　　　　图2-469

图2-470

图2-471

图2-472

2. 左滚球大捋

上体后坐,右脚尖翘起,身体向左摆动;同时,双手上举,与头同高,成抱球状,并随身体摆动,内旋上捋(图2-473);右脚尖落地踏实,重心前移至右腿;同时,双手在身体右侧逆时针立圆滚动一周,随后双手上举(右手高、左手低),再向左后退步大捋(图2-474、图2-475)。

第二章 三丰自然式活步太极拳109式

图2-473　　　　　　　　图2-474

图2-475

要点：

①下步向后大捋时，双手先向右侧划立圆，再向左侧划立圆，要连续不断。

②双手左滚球形成自转，抱球立圆划弧形成公转，要同时动作。

③前挤和前推时，腰要同时向后挺，形成对撑劲，增大作用力。

④前挤时，左手要贴在右手腕部。

219

⑤处处形成弧形运动,上下要协调一致。

作用:

①连续防守上盘动作。

②对抗右脚在前的掤、捋、挤、按的四正手劲力和动作。

第106式 左单鞭

动作、要点、作用与脚第29式相同(图略)。

第107式 回头望月

1. 并步十字手

接上势单鞭拍掌,身体重心移至右腿,左脚内扣,身体右转面南,双手下落,随即左脚向右脚回收并步;同时,双手上举合抱于胸前,成十字手(右手在外,双手手心均向内),目视前方(图2-476、图2-477)。

图2-476　　　　　图2-477

2. 插步回头望月

右脚向右横跨一步；同时，两掌向身体两侧下落再向上划弧举至头前上方（图2-478）；左脚向右脚后插步，并下蹲成歇步；同时，双手变拳，在胸前交叉向两侧划弧撩出（上体向左倾斜，使右拳高、左拳低），目视右拳，形成望月状（图2-479）。

图2-478　　　　图2-479

要点：
十字手下落划圆分开与下插步同时进行。
作用：
先防守，后用拳攻击裆部。

第108式 十字手

1. 下步十字手

接上势，左腿向左横跨一步，两腿屈膝大蹲成开立步站立；同时，双拳变掌在腹前交叉（图2-480）；两腿伸直站立，双手由前向上、向两侧划圆一周，在胸前交叉成十字手（右手在外），并起身站立（图2-481）。

图2-480

图2-481

2. 撤步斜劈

右脚向右下方（西北）撤步，身体右转面向西南，两腿下蹲；同时，双手向两侧下劈（图2-482）。

图2-482

3. 上步十字手

右腿上步，身体左转成开立步站立；同时，双手由两侧向前合抱于胸前成十字手（右手在外），目视前方（图2-483）。

图2-483

要点：

两腿下蹲与双手下劈要协调一致，身体立起与十字手要同时完成。

作用：

两个方向的劈打，和能够多变防守动作的十字手反复训练。十字手向上举为护头，向下护腹，中间护胸，左右护肋，是实用多变的防守动作。

第109式　合太极收势

接上势，左脚慢慢靠向右脚，双膝微屈并步站立，双手向下划弧分开上举至头上；两腿慢慢直立；同时，双手掌心向下在体前慢慢下落，两臂自然伸直，停至两腿外侧，全身放松，目视前方，合太极收势（图2-484、图2-485）。

图2-484　　　　　　　　图2-485

要点：

双手下落与身体直立要协调一致，同时气也徐徐下沉（呼气加长），等呼吸平稳后再结束。

作用：

节松、气深、神凝。

第三章

三丰自然式
活步太极拳
推手及散手

第一节 太极推手

太极推手是应用掤、捋、挤、按、採、挒、肘靠的技法，使对方失去重心，具有游戏性质的准对抗运动。它是通过粘连黏随、不丢不顶的方法来提高身体反应的灵敏度及身体的协调性，锻炼各种发放劲力的训练方法。是知己知彼的功夫，同时还有强身健体的作用。

太极推手，不论有无太极拳基础，都可以学习。初学推手，应由单推手开始，待熟练之后，再练习定步双推手和活步推手，但重点是定步推手，学习过程要由易到难，由简而繁，不要急于求成、贪多图快，只要常年坚持，并在练习中保持高度警惕，不要轻易发力，久而久之，就会练好。

一、单推手

（一）预备姿势

①两人相对而站，两人距离以双方握拳、两臂前平举、拳面相接触为标准（图3-1）。

②两人各做半面左转，双方右脚各向前迈一步，两脚内侧相对，两人右脚之间相距10~20厘米，随后，双方右掌各向前举，手腕交叉搭手，双方左手均自然下垂，重心均落于两腿之间（图3-2）。

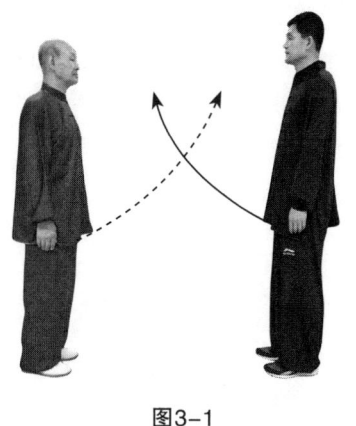

第三章　三丰自然式活步太极拳推手及散手

图3-1 　　　　　　　　　图3-2

要点：双方手腕接触后，都不要用力，彼此粘住就行。

注：左为甲方，动作用虚线表示；右为乙方，动作用实线表示，下同。

（二）平圆练习法

①甲方以右掌按向乙方胸部（图3-3）；乙方用掤劲（不松软也不僵硬）将右掌向后回收，同时身体后坐，向右转动，以右掌引甲方右手向右划弧使其无法触及胸部而落空（图3-4）。

图3-3 　　　　　　　　　图3-4

227

②乙方随即翻掌按向甲方胸部（图3-5）；甲方用掤劲，将右掌向后回收；同时，身体后坐，向右转动，以右掌引右手向右划弧，使乙方落空（图3-6）。两人如此循环练习，双方推手路线为在胸前形成一个平圆形。

图3-5

图3-6

要点：

"按"时上体不可过于前倾，要转腰开胯，"化"时，要转腰缩胯。掤劲不宜过大，够用就行。划圆时可大可小。

（三）立圆练习法

①甲方以右掌按向乙方面部，乙方用掤劲，将右掌向上引举；同时，上体后坐，向右转动，将甲方的右掌引向头部右侧，使甲方落空（图3-7）。

图3-7

②乙方顺势将右掌慢慢翻转，向下、向前推向甲方肋部（图3-8）。

③甲方右掌顺势回收；同时，上体后坐，向右转腰缩胯，将乙方右掌引己体右侧，使乙方落空（图3-9）。

④当甲方用右掌向乙方面部推时，乙方右转，将甲方右掌引向己头右侧，使甲方落空（图3-10）。

⑤随即，乙方顺势向甲方面部前推，甲方随之向右转身引乙方右手，使乙方落空（图3-11）。

图3-8

图3-9

图3-10

图3-11

⑥随后，甲方再翻掌向前，向下推按乙方右肋部（图3-12）。

以上动作，可反复循环练习，双方推手路线为在身前形成一个立圆形。

图3-12

要点：
开始推面部再推肋部，轮换交替进行，其他要点同上。

（四）折叠练习法

①甲方推乙方胸部，乙方立刻向外翻掌，手心向上，使甲方落空（图3-13）。

②随后，乙方推向甲方胸部，甲方立刻向外翻掌，手心向上，使乙方落空（图3-14）。

图3-13 　　　　图3-14

③随后，甲方再次推向乙方胸部（同图3-13）。

要点：

①双方推手距离可远可近，弧度可大可小，频率可快可慢，高低可随意变化。

②单手折叠练习法，身体不必转身，只要缩身即可。乱环练习，一定粘住对方。

③进一步要乱环推手练习，双方不设约定随意变化，用以提高训练的难度。

注：乱环推手，指平圆、立圆、传圆等方法随意变化。

二、双推手

（一）平圆推手练习法

双方右手搭手后，各以左掌抚于对方右肘（图3-15）。

图3-15

①甲方右手翻转，使双手按在乙方手腕和肘部上（图3-16）；甲方右腿前弓，迫使乙方右臂贴于其胸前，不得活动，通称"按"劲（图3-17）。

②乙方右臂保持一定掤劲，上体后坐，右转，左手按在甲方

右肘部右手按在甲方手腕顺势向右后牵引，使甲方按劲落空，通称"化"劲（图3-18）。

③乙方随即翻右掌，按在甲方右手腕上，左手按在肘部同时推向甲方胸部（图3-19）。

图3-16

图3-17

图3-18

图3-19

④甲方化来势动作，与乙方化甲方的动作相同（图3-20）。

以上动作反复循环练习。

图3-20

（二）折叠推手练习法

①甲乙右手搭手后，各以左掌抚于对方右肘（同图3-15）。
②甲方右手翻转，使双手按在乙方手腕和肘部（图3-21）。
③甲方右腿前弓，向乙方胸部按出，乙方上体后坐，右手向外翻掌，手心向上，使甲方落空（图3-22）。

图3-21　　　　　　　图3-22

④随后，乙方推向甲方，甲方身体后坐，右手向外翻掌手心向上，使乙方落空（同图3-21）。以上动作，反复循环练习。

要点：

双方手臂呈"8"字形路线，如果来不及折叠翻转，可以用滚球的方法向侧后方掤捋，此法可定步，也可活步练习。

（三）四正手往返打轮练习法（按以下顺序进行）

预备姿势同单推手。

①双方各用右臂做单搭手式，各含掤劲（图3-23）。

图3-23

②甲捋：甲方右手翻掌，贴于乙方右腕处；同时，左手抚于乙方右肘，顺乙方来势，上体后坐转腰缩胯，有将乙方右臂向右捋之势（图3-24）。

图3-24

③乙挤：乙方顺甲方将势，左手贴于右臂内侧用右前臂挤向甲方胸部，使甲方不能将，甲方屈左腿，含胸，向左转腰、收胯（图3-25）。

④甲按：甲方顺乙方来势，双手按乙方右臂向下、向左化开乙方挤劲，使乙方挤劲落空，甲方右手随即平移至乙方左肘部，左手平移至左腕部，向前推按（图3-26）。

图3-25

图3-26

⑤乙将：乙方仍用左臂的掤劲控制甲方按之势，用左手手背接甲方左手，右手向下、向右绕出，抚于甲方左肘部；同时，上体后坐，略向左转，左臂掤住甲方按势（不可直向后缩，要走弧形），双手引甲方左臂，向左上方回将，变为将势（图3-27）。

图3-27

⑥甲挤：甲方顺乙方捋势，右手离开乙方左肘，随即附于己左肘内侧（为保持平衡），两臂掤圆，向乙方胸部挤去（图3-28、图3-29）。

⑦乙按：乙方顺甲方挤势，上体后坐，转腰缩胯，变按势动作（图3-30、图3-31）。

图3-28 　　　　　　　　　　图3-29

图3-30 　　　　　　　　　　图3-31

⑧甲捋：在乙方向前按的同时，甲方用右手掤住乙方按势，左手由下绕出（图3-32），再抚于乙方右肘部，身体向右转动，此时甲方变为捋，乙方变为挤，以此顺序不停打轮练习。

图3-32

⑨定步推手换手法：在乙方用右臂向甲方胸挤来时（同图3-25），甲方不做向前按的动作，而是顺势用左手领乙方左手；同时，右手捋乙方左肘部，身体略左转改为捋乙方左臂的动作（图3-33）；当乙方的左臂被甲方回捋时，乙方应顺势变为用左臂接着做挤的动作，右腿仍前弓（图3-34）；当甲方化开乙方挤势变为按时，乙方左臂再由左下方绕出，抚于甲方右肘部，上体后坐，捋甲方右臂；甲方随即变为按势（图3-35）。

图3-33

图3-34

图3-35

定步推手的规律是：甲捋乙挤，乙挤甲按，甲按乙掤，再变为捋，乙捋甲变挤，甲挤、乙变按，乙按、甲掤再变为捋。彼此循环往复。

此外，还有活步四隅推手练法和两臂各自独立散推的、难度较大的练习方法，只要经常练习就能掌握，这里不再介绍。

推手是一项老少皆宜、强身健体的运动，通过不断的打磨，去掉自身防守中惯用的蛮力产生的棱角，以曲中求直的方法，训练出各种太极劲力。

第二节　太极散手

太极散手，是道家自然式太极拳的核心技术，与现今散打、搏击十分雷同（只是没有跌法），概括其内容主要是踢、打、摔、拿。踢，就是腿法；打，就是以两手为主的上肢活动；摔，就是能使对方倒地的活动；拿，就是控制对方关节，使之不能反抗的活动。其内容丰富，方法巧妙，对现代散打、搏击训练与应用都有一定的参考价值。

以下分别以套路中展示的散手动作分门别类加以介绍。

一、太极散手的进攻技术和要点

（一）散手的准备势（格斗势）

头正，闭嘴合牙，下颌内收；左手前伸、肘关节大于90°。右手至下颌前方，肘关节小于90°；左右上臂靠近两肋；上体稍前倾，沉肩坠肘、含胸拔背；两脚前后开立，脚跟纵向距离与肩同宽，横向距离15厘米左右，前腿虚、后腿实，重心在后腿，全身放松，精神集中，目视前方（右式同图2-36；左式同图2-91）。

（二）散手的步法

正确的步法，可以做到进可攻、退可守，能在最短时间内敏捷进攻，创造良好条件，所以散手步为先。

①前进步（也叫前滑步），以左格斗式为例，左脚向前迈出一步，右脚同等距离跟进一步，前进步分正前进步、左斜前进步、右斜前进步。步子依据对手位置可大可小，也可连续进几步，发力时成弓丁步（同图2-180、图2-181，套路中向前运动和发力时都是前进步）。

②后退步（也叫后滑步），以左格斗势为例，右脚向后退一步，左脚随即同等距离后退一步，后退步分正后退步、左斜后退步、右斜后退步，步子可大可小，也可连续后退，但始终保持既能防守又能进攻的最佳距离，后退时成丁虚步（同图2-17、

图2-44），套路中向后运动的大捋和防守动作都是后退步。

由此衍生出来左右环绕和插步、盖步、跃步（箭步）等在套路中都有体现。

（三）散手的手法

包括拳法、掌法和指法，是最灵敏、最常用的方法。

①拳法：左右直拳（同图2-181、图2-190），左右平勾拳（图2-230、图2-231），上勾拳（同图2-103），下勾拳（同图2-429），转身鞭拳（同图2-391），摆拳（同图2-461），迎击拳（同图2-466、图2-202），撩拳（同图2-479），反背拳（同图2-146）等。

②掌法：左右连环掌（同图2-26、图2-27），甩掌（同图2-31、图2-32），拍掌（同图2-172），劈掌（同图2-43），穿掌（同图2-124、图2-125），挑掌（图2-388、图2-389），侧砍掌（同图2-411、图2-414），横砍掌（同图2-200、图2-201），单推掌（同图2-54）双推掌（同图2-66）等。

③指法：单手插指（二龙戏珠）（同图2-167、图2-206）。

（四）散手的肘法

肘法是近距离的击打方法，其力量比手法要大、要狠。包括顶击（同图2-203），横击（同图2-56），劈击，也叫冲肘（同图2-144、图2-145）。

（五）散手的腿法

拳谚道："手是两扇门，全凭脚打人。"在散打搏击中，腿法正确和熟练程度是决定胜负的关键所在。

①弹腿：正弹腿，常用于踢裆和腹部（同图2-451）。侧弹（也叫鞭腿），此腿法分高、中、低3种高度，高可踢头，中可踢肋，低可踢腿，在技击中是常用且十分见效的腿法（同图2-219）。

②蹬腿：是常用腿法。正蹬高可蹬胸，中可蹬腹，低可蹬腿；后蹬常用攻击腿部和腹部（同图2-57、图2-134）。

③踹腿：此腿法高可踹头胸，中可踹腹，低可踹腿，也是常用腿法（同图2-238、图2-393、图2-399）。

④后撩腿：此腿法上、中、下都可以攻击应用（同图2-395）。

⑤勾铲腿：此腿法可勾对手前腿使其失去平衡，或接铲小腿（同图2-225）。

⑥摆腿：此腿法用于扫头、肋、肩，必须找好时机和角度，是高难度动作。左摆腿（同图2-419、图2-420），右摆腿（同图2-458、图2-459）。

（六）散手的膝法

双方纠缠在一起时，以膝攻击对方最为有效，特别是跳起飞膝，顶击力量特别大。顶膝（同图2-339），侧撞膝（同图2-232），飞膝（同图2-359、图2-360）。跪膝是深度击打动作，往往向下栽捶以后都可进行跪膝（同图2-325）。

（七）散手的摔法

道家太极拳的摔法十分丰富，有单手控制的摔法，也有双手相互控制的摔法，还有不用控制双臂的摔法（当然推手是破坏重心，使之失去平衡，也是摔法，往往太极散手中也能运用此技术），但还有以下几种常见摔法。

①抱腿摔（同图2-78）；②挂腿摔，也叫挂打摔（同图2-207）；③勾腿推摔（同图2-175、图2-176）；④悠腿摔（同图2-68、图2-69）；⑤架摔（同图2-271、图2-272）；⑥接腿摔（同图2-363~图2-365）。

（八）散手的擒拿法

此法分被动解脱反擒拿和主动擒拿，特别是被动解脱反擒拿是不可忽视的重要技术。当处于劣势时，学会从不利中解脱自己，并使对手不能反抗，所以是十分关键的取胜技术。

①被动解脱反擒拿：当手腕被对手异侧手抓住后，可以用手腕外缠切压对方手腕解脱反拿（同图2-143、图2-144）；当手腕被对手同侧手抓住后可以肘关节缠绕控制对方肘关节解脱反拿（同图2-145）；第27式臂合手是先小缠丝而后就是大缠丝，还可以用另一只手从下面握住对方手腕，并双手同时旋转，可以解脱反拿（同图2-184、图2-185）；托肘解脱，当肘部被对手抓住以后，可以用另一只手上托抓住对方手腕，即可解脱反拿（同图2-37、图2-38）。

②主动擒拿：擒腕（同图2-4、图2-5）；拿肘（同图2-462~图2-464）；拿头，也叫搬颈（同图2-415、图2-416）。

二、太极散手的防守技术和要点

正确的防守技术是克敌制胜的保证。在太极散手中，十分重视防守，提倡乘势借力、后发制人、以柔克刚、四两拨千斤。所以必须是十分简捷、巧妙的动作才能达到上述目的，为此太极散手防守的方法大致如下。

（一）单手臂防守

这是一种防守并含反击的动作，有单手臂向外的格防（云手）和向内的拨防（同图2-305、图2-306），有向上的架防（同图2-307），有向外挂防（同图2-140、图2-141），有按防（同图2-302），还有托防（同图2-334），此方法可以封住半面，使对方失去攻击作用，有利于防守反击等。

（二）双臂防守

①被动防守动作——十字手：可以演化出各种动作，双手上举可以护头，下压（包括肘尖向下运动）可以护腹，居中可以护胸，左右摆动可以护两侧，且一手前探可以成为格斗式（同图2-73、图2-74、图2-91）。②主动防守动作——双手滚球：可以用来改变来手的运动方向，并乘势借力用大捋或外捌进行防守反击。方法为滚球防守，双手举起与头同高，成举球状，并在头和上体之间上下、左右旋转滚动，其实是动态全防守动作。对手无论用拳、用腿攻击上盘和中盘，都可以用滚球方式化解，并能控制对手，所以此方法是太极拳独有的技术。

（三）以柔克刚躲闪防守

此种方式防守是通过前后、左右、上下的身体摆动，以躲过击打。这样既简单又迅速，且省力，又便于进攻，是高级防守动作，前提是距离感好，步法敏捷，使双脚的距离既能防守又能进攻，同时需要身体柔韧而灵活。

三、太极散手实战运用的技击和要点

（一）主动攻击

太极散手并不是要主动攻击，而是遇强智取，遇弱强攻，在强攻中应用乘势借力的方法，可以更省力地战胜对手。

①手法组合：左右连环拳（同图2-26、图2-27），左右勾拳（同图2-217、图2-218），还有直摆连击、挑臂砍颈、挑臂砍胸、穿掌拳打、擒手肘击等。

②腿法组合：边腿侧踹（同图2-219、图2-221），直蹬侧踹（同图2-248、图2-251），前腿摆正踹（同图2-237、图2-238），撩、蹬、踹连环（同图2-395~图2-399），还可以组成鞭腿直蹬，勾踢侧踹、左右侧踹等。

③拳腿组合：左右勾拳加鞭腿（同图2-217、图2-219）、直拳蹬腿、挂腿踹肋、直拳鞭腿、探拳弹裆、直拳膝顶、跳起飞膝、撩裆侧踹、抱颈顶膝等。

（二）防守反击

防守反击是太极散手主要技击方法，以柔克刚，以弱胜强，乘势借力，所以能打得巧、打得顺、打得妙。把防守动作与主动进攻动作相结合就是防守反击组合。而且，可以组合成无数个组合动作，但常用的、有效果的只有几个。下面列举几个最有使用价值的动作。

注：左为甲方，动作用虚线表示；右为乙方，动作用实线表示。

①打迎击拳：当甲方迎面上步进攻的同时，乙方也应迎面上

步并用直拳击打甲方面部,形成对撞,产生叠加力量,可以一招制敌(图3-36)。应用这个打法必须具备几个条件:首先,时机要找准,早一点晚一点都不行。其次,距离要合适,太远太近都不行。最后,要舍身敢于对撞,身体放松,这样才能意到、气到、力到,此拳有多处打迎击动作,如第38式、104式等。

②踹迎击腿:当甲方上步进攻的同时,乙方用前腿踹甲方前腿的膝关节(图3-37),这样即可破坏膝关节,又阻止了甲方的进击(也可以踹头和胸腹部)。运用此法也必须具备打迎击的条件,此动作是第87式退踹撒身锤。

图3-36

图3-37

③以长击短：当甲方用直拳攻击时，乙方可用直蹬或侧踹的方法进行反击（图3-38）；当甲方用勾拳进行击打时，乙方可用直拳还击，或者直拳加腿的组合方式进行还击（图3-39）。

图3-38

图3-39

④防鞭腿反击：当甲方用低鞭腿攻击乙方腿部时，乙方可以抬脚搂腿再进行直拳还击（图3-40），或同时（同拍）抬腿侧踹反击（图3-41）；如果甲方用中鞭腿攻击乙方肋部时，乙方可以用前臂锁住甲方鞭腿（图3-42），再进行摔摔使甲方后倒，或者乙方用拳击打甲方（图3-43），如第40式挑帘右心拳；如果甲方用高鞭腿击打乙方头部时，乙方可以双腿下蹲躲过击打，再对甲方支撑腿进行抱摔反击（图3-44），如第14式抱虎归山；再或者进身攻击，使甲方不能起腿（图3-45），或者后退、仰身、闪躲再跳踹反击（图3-46）。

图3-40

图3-41

三丰自然式活步太极拳

图3-42

图3-43

图3-44

图3-45

图3-46

⑤双手以十字手、抱球、滚球、大捋方式防守反击：当甲方用拳攻击乙方头部时，乙方可用十字手全防守护头，也可以双手滚球、大捋防守再向前挥臂击打甲方（图3-47），或转身盖步、反背拳击甲方头部（图3-48）；当甲方用腿攻击乙方胸、腹部时，乙方可双手扣住甲方攻击腿，向后大捋再向前挤按，使甲方向后摔倒（图3-49），或者用斜飞式动作将其摔倒（图3-50）。

图3-47

图3-48

图3-49

图3-50

总之，太极拳在散手应用中，虽然与外家拳雷同，但以柔克刚、乘势借力、反应灵敏、动作快速、整体发力，且"运动寿命长"，这些特点是值得借鉴的。

千招万招不是招，能用动作就几招；

单操喂招是基础，实战之中见真招。

附录一　推手口诀和体用口诀

一、十三势歌

王宗岳

十三总势莫轻视，命意源头在腰隙。
变转虚实须留意，气遍身躯不稍滞。
静中触动动犹静，因敌变化示神奇。
势势留心揆用意，得来不觉费工夫。
刻刻留心在腰间，腹内松静气腾然。
尾闾正中神贯顶，满身轻利顶头悬。
仔细留心向推求，屈伸开合听自由。
入门引路须口授，功夫无息法自修。
若言体用何为准？意气君来骨肉臣。
详推用意终何在？延年益寿不老春！
歌兮歌兮百卌字，字字真切意无遗。
若不向此推求去，枉费工夫贻叹息！

二、打手歌

王宗岳

掤捋挤按须认真，上下相随人难进。
任他巨力来打我，牵动四两拨千斤。
引进落空合即出，粘连黏随不丢顶。

又曰

彼不动，己不动；彼微动，己先动。
似松非松，将展未展，劲断意不断。

三、推手感言
沈明

（一）

太极推手研究透，
又防身来又延寿。
对方伸手往前凑，
搭手让他不好受。

（二）

沾随让他跑不掉，
柔化让他摸不着。
就怕对方使劲小，
使劲大了自己倒。

（三）

太极推手要练好，
别听他人瞎嗷嗷。
多推常站是基础，
甘当"靶子"是绝招。

四、道家活步太极拳体用口诀
沈明

道家拳法妙无穷，防身健体全都能。
掤捋挤按揽雀尾，左右滚球捌捋成。
单鞭要有甩打劲，双鞭连环向头攻。
转肘可防敌托肘，回身提手把着封。
海底捞月亮翅变，转身挑打横掌撑。
搂膝拗步防前踢，手挥琵琶拿臂行。
进步搬拦横肘上，扳打是虚脚实蹬。
快速收腿有用意，震脚跺足不留情。
如封似闭破擒拿，十字手法上下封。
抱虎归山前后摔，转身推虎打出城。
向上勾打通天捶，双展撩阴真要命。
倒撵猴要先脱腕，发力抖擞二面攻。
擒手上步扳挽劲，斜飞着法用不空。
千斤坠要上下防，上步捞腿右手动。
海底针要连环掌，闪通臂上架打功。
转身鞭拳横扫打，再加直拳着法灵。
御敌三面需连环，独立右脚三连蹬。
搂膝打拳捶胸腹，马上活夹留条命。
大小缠丝壁合手，上步撇打整体动。
双手横摆是掤捌，雀尾腰动三面封。
云手砍掌击颈部，云手穿珠取双瞳。
高探马上拦手刺，独立勾推翻转成。
滚球大捋迎面捶，四面御敌也能行。

滚肘格挡十字手，左右分脚手要封。
独立又现弹蹬踹，进步打拳迎面冲。
翻身白蛇吐芯变，挑帘挂打拳击胸。
双峰贯耳强勾打，单峰贯耳最实用。
左右侧弹常用腿，高弹能把头打蒙。
上拨下打栽捶用，左右披身打虎精。
勾脚铲腿迎面骨，直裆捶打胯要挺。
连环腿法能远踢，连环拳法靠近赢。
双缠护肘破敌托，顺带揽手把敌拥。
野马分鬃攻腋下，单鞭下势要顺锋。
推窗望月向上击，仙女献花穿鼻孔。
玉女穿梭四角打，左右用法一般同。
金蝉扑地擒拿肘，脑后摘盔护头行。
提膝顶裆腹上蹿，上挑飞膝头胸顶。
金鸡展翅肋骨断，退步侧踹膝骨迎。
上步七星防守势，退步跨虎闪正中。
立马观碑盖和踢，仙人指路穿面容。
左右摆莲腿扫式，弯弓射虎打头胸。
箭步击头要舍身，回头望月要撩阴。
单手进攻腰要转，双手进攻腰后撑。
以上招法练和用，必须步法作保证。
前进步法后退步，无过不及最为精。
左右环绕横跨步，阴阳虚实要分明。
强弱都要来智取，乘势借力太极成。
收势意气归丹田，天地合一松清静。
全体大用心为主，体松气聚神要凝。
以拳护道体和用，太极少林一般同。

注：口诀和拳谱顺序相同。

附录二 三丰自然式活步太极拳109式动作路线示意图

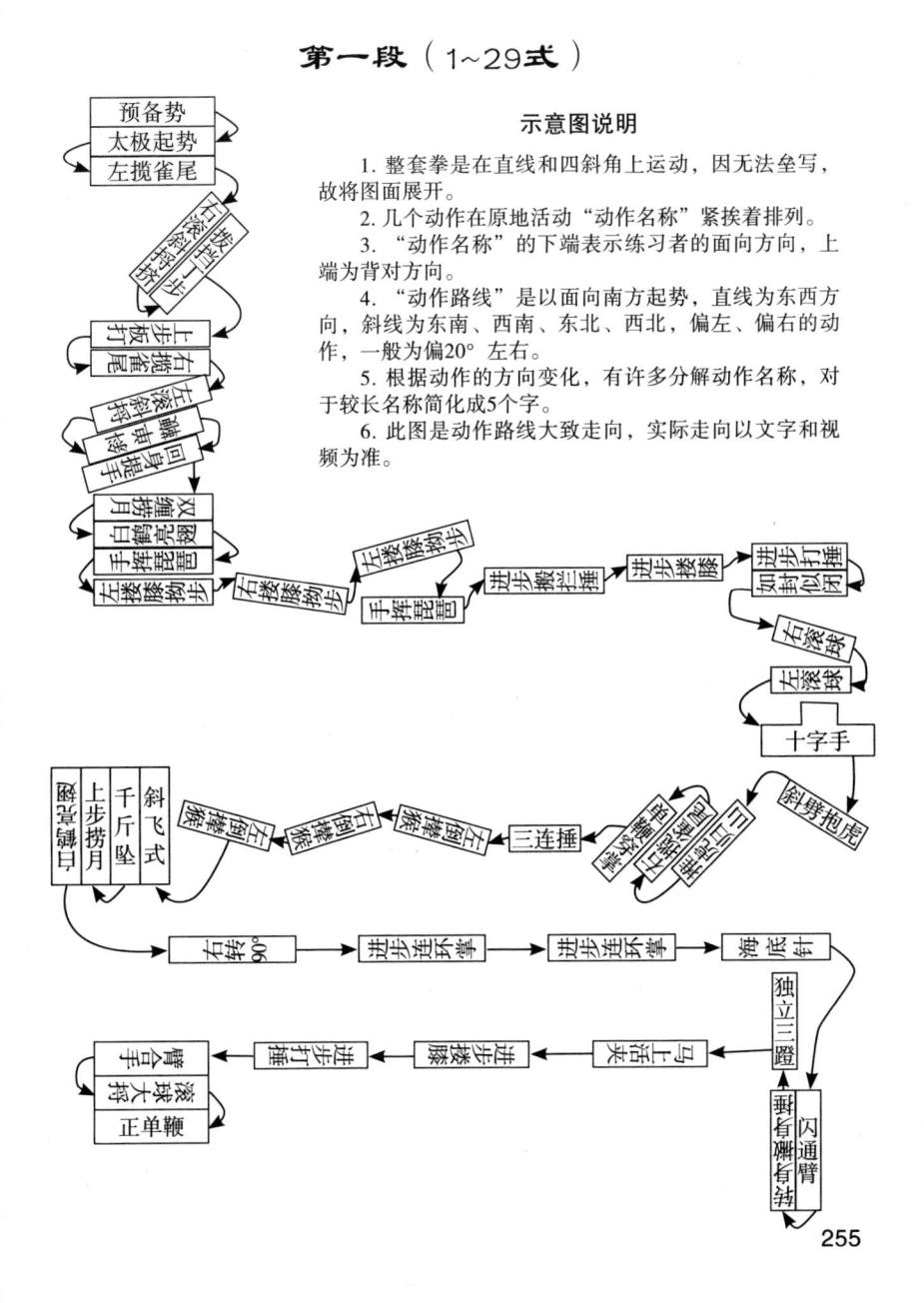

第一段（1~29式）

示意图说明

1. 整套拳是在直线和四斜角上运动，因无法全写，故将图面展开。
2. 几个动作在原地活动"动作名称"紧挨着排列。
3. "动作名称"的下端表示练习者的面向方向，上端为背对方向。
4. "动作路线"是以面向南方起势，直线为东西方向，斜线为东南、西南、东北、西北，偏左、偏右的动作，一般为偏20°左右。
5. 根据动作的方向变化，有许多分解动作名称，对于较长名称简化成5个字。
6. 此图是动作路线大致走向，实际走向以文字和视频为准。

第二段（30~66式）

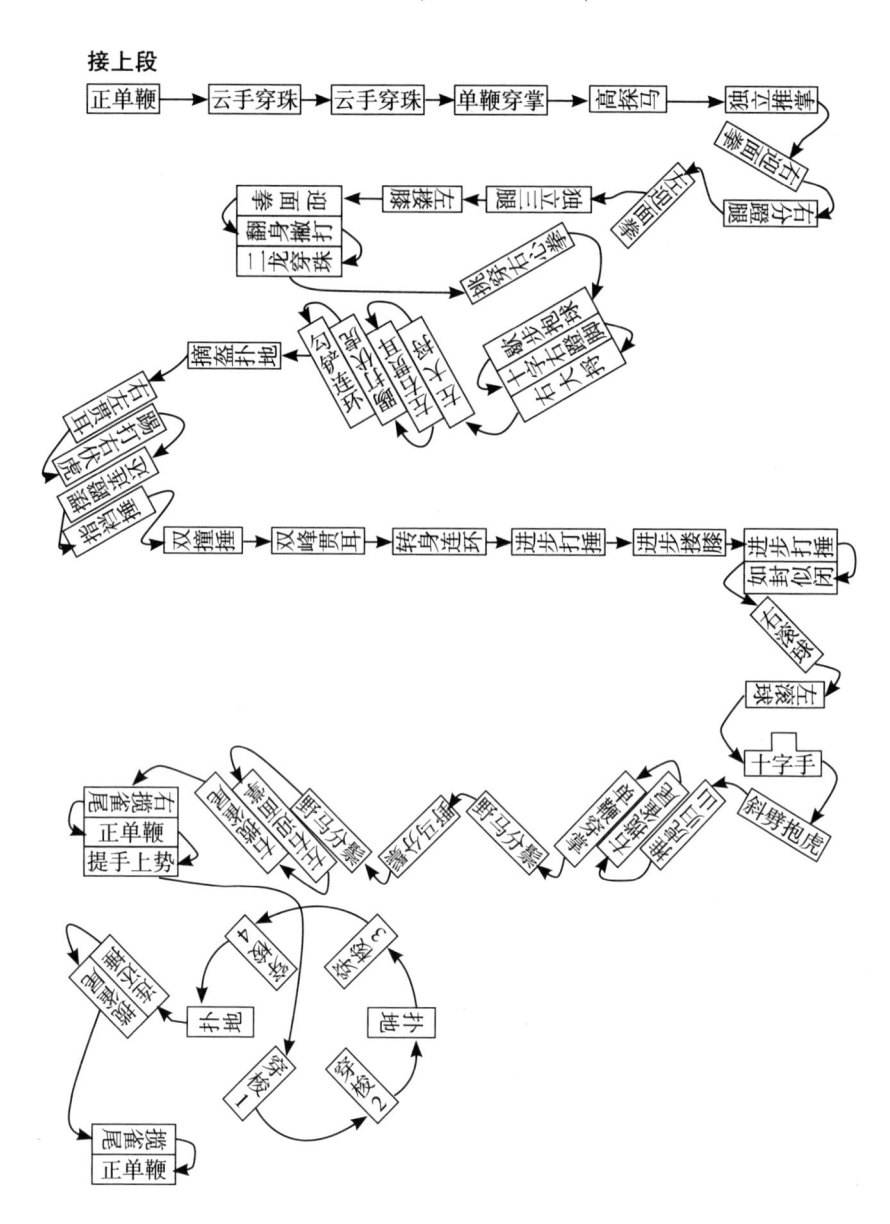

接上段

正单鞭 → 云手穿珠 → 云手穿珠 → 单鞭穿掌 → 高探马 → 独立推掌 → 拳固高坚 → 左右分腿 → 拳固启立 → 踢脚右分拳 → 腿三六弦 → 搂膝拗 → 拳固面向 → 翻身撇打 → 二龙穿珠 → 跌步埋球 → 十字右路翻 → 布大拐腿 → 上步七星 → 比手连环 → 上步七星 → 摘盔扑地 → 右踢腿打虎路连还 → 摆路双摆 → 双撞捶 → 双峰贯耳 → 转身连环 → 进步打捶 → 进步搂膝 → 进步打捶 → 如封似闭 → 云滚球 → 球滚云 → 十字手 → 斜劈抱虎 → 抱虎归山 → 单鞭揽雀 → 野马分鬃 → 野马左右插 → 野马分鬃 → 揽雀尾斜 → 揽雀尾正 → 拳固启立 → 十字金鸡独立 → 高探马 → 右搅尾 → 正单鞭 → 提手上势 → 倒撵猴1 → 倒撵猴2 → 扑地 → 倒撵猴3 → 倒撵猴4 → 扑地 → 倒撵猴 → 揽雀尾高探马 → 揽雀尾正单鞭

256

附录二 三丰自然式活步太极拳109式动作路线示意图

第三段（67~109式）

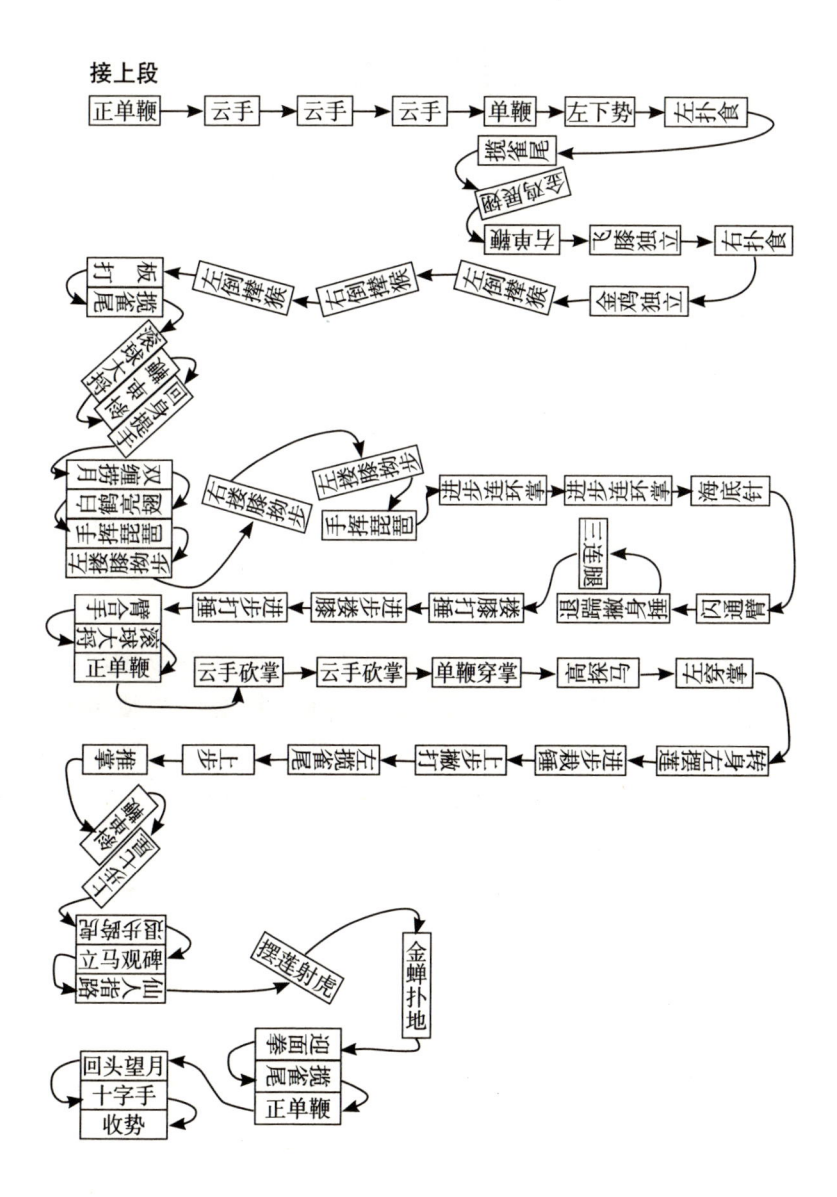

接上段

正单鞭 → 云手 → 云手 → 云手 → 单鞭 → 左下势 → 左扑食
→ 揽雀尾 → 绷捋挤按 → 马步靠 → 独立登膝 → 右扑食 → 金鸡独立
→ 左倒撵猴 → 右倒撵猴 → 左倒撵猴 → 板搂鞭打
→ 搂球大捋回身 → 左搂膝拗步 → 右搂膝拗步 → 手挥琵琶 → 进步拗步掌 → 进步拗步掌 → 海底针
→ 双缠鞭 / 白鹤亮翅 / 手挥琵琶 / 左搂膝拗步 → 撇身捶 / 进步搬拦捶 / 三连腿 → 闪通臂
→ 臂滚球大捋合手 / 正单鞭 → 云手砍掌 → 云手砍掌 → 单鞭穿掌 → 弓步顶肘 → 左穿掌 → 转身左摆莲 → 进步栽锤 → 上步撇打 → 左揽雀尾 → 上步 → 上步 → 推掌
→ 上步七星 → 退步跨虎 / 立马观碑 / 仙人指路 → 摆莲射虎 → 金蝉扑地
→ 迎面通天拳 / 揽雀尾 / 正单鞭 → 回头望月 / 十字手 / 收势

后 记

此书得以出版，实属不易。此拳动作多、难度大，处处螺旋缠丝，而且方向多变，所以无论在文字说明、拍照角度、图形的线条指示都十分复杂，描述难度大，经一年时间的推进，现在终于脱稿完成了，以期为发扬中国传统文化作出贡献。

非常感谢三丰自然派第24代传人，现年103岁的吴庆春师父和杨鸿钧师叔给予我大力支持，并为我提供师爷杨明真道长的照片和许多珍贵资料，促使此书更加系统和完整。

还要感谢好友孙源起和师兄弟们，他们在动作劲力的要领和动作规范上，给了我很大帮助。还有我的徒弟安郁全，在视频录制、推手和散手的对练拍照中密切配合，并提供场地，给予巨大帮助，在此表示感谢！

最后，我要感谢我的家人闫春玲、魏峰先、沈丽华、魏子茹、魏子童，他们给了我极大的支持，做了大量实质性的工作，保证了此书的定稿完成。

由于本人才疏学浅，必然存在许多瑕疵和不妥之处，愿得到各行家里手的理解和指教，以期不断提高。